내 사랑 아다지오

차례
Contents

이 책을 내면서

『내 사랑 아다지오』는 월간 〈CD 가이드〉(발행인 배석호)에 연재되었던 글이다. 솔직히 고백건대 내가 '아다지오'에 빠지게 된 것은 클래식 전곡을 듣기에 너무 시간이 오래 걸리기 때문이다. 짧은 시간에 클래식의 정수를 들을 수는 없을까? 여기서 발견해낸 것이 '아다지오' 악장이다. '아다지오' 악장을 골라 듣다보니 정신적으로 많은 안정과 위로를 받을 수 있었다. 그리고 마침내는 마음의 치유를 넘어, 꿈까지 그 속에서 얻을 수 있었다. 달콤한 희망은 우리 생활의 활력이고 미래 설계다. '아다지오'에서 위로와 안정만을 얻었다면 거기서 쉽게 끝났을지 모른다. 달콤한 희망을 얻었기에 나는 그 속에 빠지

고 더욱 빠져들어 내 사랑이 되고 말았다. 많은 분들도 치유에
서 앞날의 더 많은 희망을 찾기를 바라고 바란다.

일 년 열두 달 아다지오로 살고 싶어

한 박자 쉬고 가자

또 일 년이 가고 새로운 일 년이 시작되면 야단법석이다. 왜 일 년 열두 달을 정해 놓고 등짝에 채찍질을 하는 것일까? 소위 연말이 되면 대개 불안, 초조, 착잡해지기 일쑤다. 지난 일 년 동안 나는 무엇을 했는가? 허송세월만 한 게 아닌가, 새해에는 좀 더 계획을 짜임새 있게 짜서 보람 있는 생활을 해야지……. 반성을 하게 된다. 도대체 삶의 여유가 없다.

젊은이는 젊은이대로, 중년은 중년대로, 노인은 노인대로 자신의 성취감에 대한 반성으로 초조하고 불안한 게 오늘의 일상이다. 봄 되면 밭 갈고, 여름 되면 김매고, 가을 되면 추수하고, 겨울에는 따뜻한 아랫목에서 감자 구워 먹고, 좀 편안하게 살 수는 없을까. 열두 달을 쪼개고 또 일 년을 만들어 초조불안하게 채찍질하는 못된 짓거리를 만든 게 누구란 말인가. 우리는 이런 생각조차 못 하고 그냥 그런가 보다 하고 사는 게 인생이겠거니 여긴다.

어느 미국 경제 평론가는 한국인의 '빨리 빨리' 근성이 IT산업의 선두 주자가 되는 데 원동력이었다고 말하기도 한다. 그러나 왜 이렇게 헐떡이며 살아야 되는가에 대해 차츰 회의를 느끼기 시작한다. 그래서 '느리게 살자'라는 말도 나오고 책도 나왔다. 또 '첫째보다 둘째가 낫다'는 제목의 에세이 책도 나와 절찬을 받고 있다. 삶의 질을 돌아보기 시작했다는 이야기이다. 허덕이다 숨넘어가기 전에 한 박자 쉬고 가자. 쉬면서 숨 고르기를 잘 하며 내일을 찾아보면 안 될까?

'아다지오'는 내가 바로 편안하게 숨 고르기를 하자는 부호이다. '아다지오'로 살면서 내가 무엇 때문에 살아야 하는가를 생각하면서 어떻게 살아갈 것인가를 가늠해 보자.

'아다지오(ADAGIO)'란?

'아다지오'란 사전을 찾아보면 "천천히, 주의 깊게, 조용하게"란 뜻이라고 나와 있다. 음악사전을 보면 안단테(ANDANTE)와 라르고(LARGO) 중간으로 음악의 속도를 표시하는 부호로 느린 악장을 나타낸다.

오늘날 음악에서의 '아다지오'는 보다 더 넓은 의미를 갖게 되었다. 편안하고, 평화롭고, 느긋하고, 여유로우며 달콤한 감정까지……. 단순히 음악 속도를 나타내는 표시 부호만이 아니란 말이다. 이런 편안하고 느긋하게 사람의 감정을 어루만져주는 '아다지오'는 착잡하고 불안한 오늘을 사는 사람들에게 안식과 평화를 안겨주는 정신적인 치료 역할까지 하게 되었다.

이것은 당연한 결과라고 생각할 수밖에 없다. 왜냐하면 '아다지오'는 교향곡, 협주곡, 소나타 등에서 음악 형식으로 쓰여 왔는데 주로 제2악장에 사용되었다. 제1악장은 무엇인가 자신의 의도를 강하게 알레그로(ALLEGRO)로 주입시켜 나간다. 청중들로 하여금 강하게 자신의 생각(음악)을 깨닫게 하려는 의지이다. 만일 작곡가가 욕심을 부려 쉬지 않고, 알레그로로 채찍을 휘두르듯 '빨리 빨리' 몰아친다면 아마 숨이 가빠져서 쓰러지고 말 것이다.

제1악장에서 이야기해주고 싶은 것을 휘몰아쳐 알려주었다면 제2악장에서는 당연히 숨을 고르고 쉬게 해야 할 것이다. 이것이 바로 제2악장에 들어가는 아다지오의 역할이다.

'빠르고' '느리고' '빠르게' 이것은 음악의 속도 양식일 뿐 아니라 모든 자연법칙이라 해도 좋을 것이다.

사람도 '빨리 빨리'만으로는 살 수 없다. '느리게' 살면서 주위도 살펴보고 '내가 도대체 무엇인가?' '왜 사는가?'도 생각할 여유를 가져야 할 것이다.

'아다지오'가 현대인의 정신치료 역할까지 하면서 음악 속도 표시 부호에서 느긋하고 평화로운 정서까지를 포함시켜, 그 폭을 점차 확대해가고 있다. 이제 '아다지오'는 음악 속도로는 안단테(ANDANTE)에서 라르고(LARGO)까지를 폭넓게 감싸 안으면서 정서적으로는 자연과의 친화로 삶의 의미, 그리고 느긋하고 평온한 감정까지를 포함시킨 새로운 의미로 재탄생되었다.

이 책에서는 이렇게 넓은 의미를 감싸 안고 있는 '아다지오' 또한 정신분열증에 가까운 현대병을 치료할 수 있는 음악으로의 '아다지오'까지를 포함, 오늘날에 해석되는 넓은 의미의 '아다지오'를 살피려고 한다.

'아다지오(ADAGIO)'의 교과서

'아다지오' 명곡하면 금세 떠오르는 두 개의 곡이 있다. 하나는 토마스 알비노니(Thomas Albinoni, 1671~1750)의 '현악과

오르간을 위한 아다지오 G단조'이고 또 하나는 사무엘 바버 (Samuel Barber, 1910~1981)의 '현을 위한 아다지오'이다. 두 곡 이 아다지오 명곡의 교과서쯤 된다고 생각할 수 있는데 우연치 않게 두 곡 모두 영화 배경음악으로 쓰여서 널리 알려지게 되었다.

알비노니의 아다지오는 본래 그의 오리지널 작곡이 아니다. 제2차 세계대전 중 폭격 맞은 독일 드레스덴의 도서관 잿더미 속에서 발견된 알비노니의 '트리오 소나타' 단편 악보를 토대로 이탈리아의 음악학자이며, 알비노니 전기 연구가인 '레모 지아조토(Remo Giazotto)'가 편곡, 이름까지 붙인 것이다. 이 곡은 1963년 카프카의 명작『심판』을 명배우 '오손 웰스' 가 감독, 각본, 주연을 하면서 영화 배경음악으로 사용, 널리 알려지고 유명해졌다.

바버의 '현을 위한 아다지오'는 '현악 사중주 OP.11' 중에서 느린 제2악장을 현악 합주용으로 편곡, 1937년에 완성했다. 미국의 '올리버 스톤' 감독의 1986년 작 월남 전쟁을 그린 〈플래툰〉에 배경음악으로 사용, 너무나 유명해졌다. 두 곡 모두 비장미가 넘쳐흐른다. 고독하고 쓸쓸할 때 듣기 딱 알맞은 곡들이다.

고독을 고독 그 자체로 되씹어 이긴다는 이야기도 있지 않는가. 하나 재미있는 것은 알비노니의 오리지널 '아다지오'는

9

바로크 음악으로 귀족들을 위한 연주회용 협주곡들이 대부분인데 한마디로 들으면 졸음이 올 정도이다. 귀족들의 비위를 맞추어 가면서, 그들의 흥을 돋우기 위해 작곡한 것들인데 아마 알비노니는 듣고 있던 귀족들을 빨리 잠재워 쫓고 싶었던지, 한결같이 이제 와서 들으면 졸려 하품이 나올 지경이다.

예를 들어 알비노니의 최대 걸작이라고 하는 협주곡집 OP.9를 보면 12개의 협주곡 중 4개의 바이올린 협주, 4개의 오보에 협주곡, 4개의 두 대의 오보에 협주곡으로 구성, 제2악장은 모두 '아다지오'로 되어 있다.

바로크 시대에 '아다지오'의 의미는 물론 느린 악장을 표시했지만 또한 연주자의 마음대로의 뜻도 있어, 한껏 느리게 연주해도 되었던 모양이다. 그러나 오늘날 우리가 필요로 하는 '아다지오'는 분명히 잠을 자기 위한 '아다지오'가 아니다. 헐떡이며 뛰어야만 하는 오늘의 우리 현실을 느긋하게 누그러뜨리고 내일을 위해 한 박자 쉬어 가자는 뜻이다.

절대 '아다지오'를 듣고 졸거나 잠이 들면 안 된다. 쉬어간다고 '아다지오'를 수면제쯤으로 생각해서는 끝장이다. 편안함 속에서 나를 찾자는 것이다. '아다지오'가 느린 악장이라고 해도 연주자에 따라 그 맛이 다 다르기 마련이다.

'아다지오' 연주의 교과서는 역시 헤르베르트 폰 카라얀 (Herbert von Karajan, 1908~1989)이다. 카라얀은 1970년부터 죽을 때(1989)까지 가장 '아다지오'를 음악의 중심으로 삼아 적절한 리듬과 속도감으로 빛나게 만든 명지휘자라 할 수 있다. 알비노니의 '아다지오' 경우 다른 사람이 지휘한 것과 '카라얀'의 연주를 비교해보면 즉시 알 수 있다. '아다지오'가 그냥 느린 속도의 표시 기호에서 오늘의 정서를 적절히 포함한 '정서적 아다지오'로 발돋움할 수 있었던 것은 카라얀의 공이 크다. 카라얀이 연주한 알비노니의 '아다지오'를 들으면 느긋하면서도 일관된 긴장감이 느껴진다. 그 긴장감은 한 번 듣고 마는 것이 아니라 한 가닥의 실낱처럼 끌어 끝까지 계속된다.

너는 누구인가?

느긋하게 자신의 위치를 돌아보고 삶의 존재를 알기 위해서는 추운 겨울 널따란 황야에 서서 외로이 자신에게 물어보아야 한다. 너의 존재는 무엇이며 너는 도대체 누구냐. 이런 사색과 명상에 알맞은 곡이 J. 시벨리우스(Jean Sibelius, 1865~1957)의 교향곡 제4번 3악장이다.

캄캄한 밤, 어둠 속에 홀로 서 있다. 너는 누구인가. 너는 도대체 누구인가 되짚어 물어보라. 주위에는 찬바람만 일렁일 뿐 대지는 쥐 죽은 듯 어둠 속에 파묻혀 있다.

한 가닥의 멜로디가 되짚어 똑같은 질문을 반복한다. 그 한 가닥의 멜로디는 신경조차 날카롭게 곤두세우며 자신의 존재를 허공에 확인하려는 듯 되묻고 또 되묻는다. 약 2분 동안 계속되는 이 라르고 악장은 3악장이면서도 가장 긴 악장인데 8분 정도까지 선율이 쳇바퀴 돌듯 반복된다. 존재 확인에 대한 허무감인 듯도 하다. 이 악장은 허탈감에 빠져 있거나 앞일이 막막할 때 안성맞춤이다. 결론이 안 나도 줄곧 자신의 존재 이유에 대한 그 물음 자체가 치유의 효과가 있을 것이다.

다음은 차이코프스키(P. I. Tchaikovsky, 1840~1893)의 교향곡 제1번 '겨울날의 꿈'으로 넘어가 보자. 제2악장 아다지오 칸타빌레는 춥고 메마르고 황량하지만 그 적막과 고독 속에서도 한 가닥의 꿈을 가져다준다. '음산한 땅, 안개의 땅'이란 부제가 차이코프스키 스스로 붙인 악장인데 고독 속에서도 꿈을 되새겨주는 듯 로맨틱한 분위기가 살포시 안개처럼 내려앉게 만든다. 자신의 주변에 고독과 적막만이 있으면 어떻게 할 것인가.

거기에 꼭 있어야 할 소망은 꿈인 것이다. 서구식 로맨티시즘을 슬라브 민족적 로맨티시즘으로 바꾸어 놓은 음악가라 할 수 있다. 서구식으로 너무 편향되어 있다고 국민음악파에게는 따돌림당하기도 하지만 차이코프스키의 슬라브적 서정은 아름다운 러시아 민요가락을 타고 우리에게 삶의 존재를 일깨어준다.

누구인가를 거듭 되풀이해서 물어보기만 해도 허망하게 끝난다. 그 물음은 꿈을 갖다주어야 한다. 비록 그 꿈이 '겨울의 꿈'으로 차디차게 느껴지지만, 또 실현이 불가능하며, 또 실제로 한갓 꿈에 지나고 말지 모르지만, 우리는 달콤한 몽상가가 즐겨 되어야 한다. 내일이란 무엇인가, 그것은 바로 꿈을 꾸기 때문에 존재한다고 할 수 있지 않겠는가. 차이코프스키 교향곡 제1번 2악장은 그래서 추운 겨울날 우리에게 실낱같은 작은 꿈일지라도 안겨주어 반가운 것이다. 우리의 존재를 일깨워주려고 하다 보니 너무 심각해진 듯하다. 명상은 즐거움 속에서도 얼마든지 할 수 있기 때문이다.

명상의 즐거움

명상곡 하면 누구나 할 것 없이 마스네(Jules Massenet, 1842~1912)의 '타이스의 명상곡'을 떠올린다. 그만큼 유명하다. 달콤한 바이올린 멜로디, 독주 바이올린 곡으로도 유명한데, 본래는 '아나톨 프랑스'의 소설 『타이스』를 원작으로 마스네가 3막짜리 오페라로 만들었다. 이 명상곡은 제2막의 간주곡이다.

'경건한 느낌을 주는 안단테'로 바이올린과 하프가 사색의 분위기를 한껏 내면서 주인공 타이스의 번민과 번뇌를 표현했다고 하지만 사실상 이 곡은 너무도 아름다운 멜로디로 꿈

같은 명상 속에 빠져들게 한다. 번뇌는커녕 사랑의 달콤한 명상이 그림자를 짙게 드리운다.

희망의 내일

느리다고 '아다지오'는 멈추어 서지만은 않는다. 천천히, 그리고 느긋하게 생각하면서 내일의 희망을 강하게 외친다. J. 브람스(Johannes Brahms, 1833~1897)는 교향곡 제1번을 20년 동안이나 만지작거리며 고치고 또 고쳐서 내놓았다.

그것은 루트비히 판 베토벤(1770~1827)이 9개의 교향곡으로 완전히 교향곡이라는 음악 자체를 완성시키고 말아, 더 이상 좋은 교향곡이 나오기는 어렵다고 주눅이 들었기 때문이다. 이 한 가지 사실에서도 브람스는 참으로 참을성이 너무 많은 친구 같다. 로베르트 슈만(1810~1856)의 미망인에 대한 사랑은, 끝까지 독신을 지켜가며 올곧게 외줄기로 달렸으며, 함부르크의 음울한 날씨처럼, 자신의 폭발하는 감정을 억누르고 태연자약, 참고 또 참으면서 살았다.

이런 정신적 토양에서 태어난 교향곡 제1번은 제1악장부터 주제가 봇물 터지듯 분출한다. 제2악장에 가서도 아직 자기표현을 못 다한 듯 안단테로 더욱 강조한다. 제4악장에 가서야 더욱 강조하며 숨이 차질 것을 염려했던지 아다지오 C단조로 시작, 숨 돌리기를 권한다.

그러나 이 '아다지오'는 내일의 희망을 가져다주어야 한다. 안단테로 넘어가 알레그로로 벅차게 끝을 맺는다. 브람스의 '아다지오'는 미무는 것이 아니라 내일을 위한 준비를 제시한다. 이만큼, 격려와 희망을 주는 '아다지오'가 어디 있겠는가?

우리는 '아다지오'로 일 년 열두 달 살면서도 내일이란 명제를 잊어서는 안 된다. 내일이 있기 때문에 오늘의 우리가 느긋하게 지내려고 하는 게 아닐까?

〈첫째 마당 아다지오의 추천 CD〉

알비노니 아다지오
카라얀(지휘) 베를린 필 [DG 445 282-2]
시모네(지휘) 이솔리스티 베네티 [ERATO 0630-15681-2]

알비노니 12협주곡 OP.9
아요(바이올린), 홀리거(오보에), 이무지치 [Philip 456333-2
(2CD)]
호그우드(지휘), 고음악아카데미 [DECCA 458 129-2 (2CD)]

바버의 현을 위한 아다지오
번스타인(지휘), 뉴욕 필 [SONY 47567]
슬래트킨(지휘), 세인트 루이스 심포니 [EMI 743463-2]

차이코프스키 교향곡 제1곡 '겨울날의 꿈'
스베틀라노브(지휘), USSR 심포니 [MELODIYA 74321-
34163-2 (2CD)]
카라얀(지휘), 베를린 필 [DG 419 175-2]

마스네의 '타이스의 명상곡'

무터(바이올린), 레바인(지휘), 빈 필 [DG 437 544-2]

정경화(바이올린), 졸탄(피아노), [EMI EKCD/C 0475]

브람스 교향곡 제1번

카라얀(지휘), 베를린 필 [DG 423 141-2]

반트(지휘), NDR 심포니 [BMG RCA 74321-20284-2]

잔데를링(지휘), 베를린 심포니 [CAPRICCIO 08-10 600-
(653)]

꿈속의 선율 협주곡의 '아다지오'

느린 악장, '아다지오'

협주곡에서는 느린 악장, 즉 '아다지오' 악장이 너무도 뚜렷하게 배치되어 있다. 모두 알다시피 협주곡이란 독주 악기를 중심으로 오케스트라와 하모니를 이루는 음악이다. 함께 협력하여 연주하는 곡이란 뜻이 아니겠는가. 조금 더 자세히 말하자면 독주악기 음의 특성과 기교를 마음껏 발휘하면서 오케스트라와 어느 때는 대비, 어느 때는 화합, 어느 때는 융화를 시켜나간다. 3악장으로 구성되어 있는 게 협주곡의 기본 틀인데 빠르게, 느리게, 빠르게의 악장이 서로 대조를 이룬다.

제1악장에서 주제가 소나타 형식으로 제시, 발전, 재현의 순서를 밟는다. '알레그로'로 제1악장이 연주되면 당연히 제2악장은 느린 '아다지오' 악장이었다. 숨을 돌리고 쉬어야 결말의 끝인 3악장을 맞이할 수 있기 때문이다. 느린 '아다지오' 악장이 2악장에 없다면 협주곡이란 음악의 성립이 어렵게 된다. 따라서 느린 제2악장은 협주곡의 중심에서 제1악장과 제3악장 가운데 위치하여 균형을 잡게 되는 것이다. 얼마나 없어서는 안 될 필요한 '아다지오'란 말인가.

교향곡이나 협주곡 또는 각종 소나타 등 몇 개의 악장으로 구성되는 절대음악의 특성은 빠르고 느리게의 속도 대비와 하모니, 즉 음의 조화에 있다고 해도 지나친 말이 아니다. 음악의 겉음절이 즉 속도를 대비시킴으로써 그 주제를 뚜렷하게 부각시켜 나간다. 그래서 협주곡의 제2악장은 반드시 느린 악장이 된다. 이것은 어쩔 수 없는 구조적 운명이라 해도 좋을 것이다.

협주곡의 제2악장은 느린 악장이므로 안단테, 렌토, 아다지오, 라르고 등으로 작곡가는 음악의 속도를 지정한다. 모두 느린 속도의 표시 기호이다. 그런데 왜 이렇게 다른 표시기호가 있는데도 『내 사랑 아다지오』에서는 느린 악장 모두를 '아다지오' 영역에 포함시키느냐고 의아하게 생각하는 분들이 있을 수 있다. 그 이유는 간단하다.

안단테, 렌토, 라르고 등 기호의 뜻은 단순히 '걷는 속도로' '느리게' '매우 느리게'라는 속도 표시 이외에 '느긋하게' '편안하게' '평화롭게'라는 정서적이랄까, 감성적 또는 정신적 뜻도 포함되어 있다. 그래서 '아다지오'는 느린 악장 모두를 포괄적으로 끌어안을 수 있는 것이다. 더구나 클래식 음악, 특히 '아다지오'가 우리 현대인의 각박한 정신 상태를 느긋하게 누그러트릴 수 있을 뿐 아니라 불안 상태를 편안하게 해줄 수 있는 정신휴양에 필요하다는 것이 정신 의학계에서 확인됨에 따라 더욱 '아다지오'의 역할과 그 의미는 광범위하게 두루 쓰게 된 것이다. 특히 협주곡에 있어 느린 악장은 앞서 말했듯이 그 성격이 뚜렷해지기 때문에 제1악장 알레그로로 주제를 표현한 다음 2악장 느린 '아다지오'에 와서는 작곡가의 감성을 그대로 표현하는 장소로 흔히들 쓰고 있다.

이 말은 제1악장이 주제를 표현한 이성적 사고의 표현이라고 한다면 제2악장 느린 악장에서는 감성적 표현을 마음껏 발휘한다는 곳으로 삼았다는 것이다. 그래서 협주곡 제2악장은 작곡가의 감성, 즉 로맨티시즘이 가장 잘 나타나는 악장이다. 작곡가 또한 심혈을 기울여 최고의 멜로디로 독주악기를 빌려 표현해낸다.

한마디로 설명하자면 주옥같은 멜로디, 꿈속의 선율이라고 말할 수 있다. 협주곡의 느린 악장 중에서 명곡 몇 개를 고르

기란 참으로 어려운 일이 아닐 수 없다. 유명한 명곡이라는 협주곡의 제2악장은 모두 명선율이기 때문이다.

우선 대중들에게 널리 알려진 '아다지오'부터 예를 들어 보자.

첫 번째는 볼프강 아마데우스 모차르트(1756~1791)의 피아노 협주곡 21번 K467 제2악장 '안단테'이다. 30년 전쯤 〈엘비라 마디간〉이란 북유럽 영화가 화제가 되었다. 숙맥인 탈주병과 시골처녀의 순진한 사랑을 그리는 영화인데 도망 다니다 보니 마침내 어떻게 할 수 없어 권총 자살로 끝을 맺는다. 신파 중에도 신파 영화에 불과하다. 그러나 쫓겨 다니는 두 사람, 연인들의 풋풋한 사랑 뒤에 안토니오 비발디(1678~1741)의 바이올린 협주곡 '아모로소'와 이 21번 2악장의 멜로디가 배경으로 흘러 아름다운 영상미를 만들어낸다.

완전히 배경음악 덕분에 뛰어난 영상미를 살려냈을 뿐 아니라 기억에 오래 남는 명작을 탄생시킨 것이다. 참으로 오랫동안 아름다우면서 소름이 소록소록 스며 나오는 이 곡은 길이길이 우리 가슴을 적시고 있다.

이 영화 때문에 게자 안다가 피아노를 치고 지휘까지 한 모차르트 피아노 협주곡 제21번 그라모폰 레코드는 세계적 베스트셀러가 되고 드디어 도이치 그라모폰 사에서는 영화 〈엘비라 마디간〉의 모자 사진을 커버로 붙였다가 최근에는 아예

재킷 전면 사진으로 나왔다.

얼마나 이 곡이 젊은이들 사이에서 유행되었는가는 이 레코드의 재킷 바꾸기만 보아도 알 수 있을 것이다. 그러나 이 곡보다 더 아름답고 슬픈 '아다지오'가 모차르트 피아노 협주곡에 있다. 그것은 피아노 협주곡 제23번 KV488 제2악장 '아다지오'이다. 연주 시간은 6분밖에 안 되지만 차디찬 피아노의 가락가락은 외로움을 처절하게 느끼게 한다. 더 이상 떨어질 수 없는 고독의 정점, 끝에 서면 한 가닥의 희망이 희미하게 보이는 법 아닐까?

고독은 고독으로 이겨야 한다는 말도 있다. 뼈까지 스며드는 외로움을 달랠 길은 분명 외로움밖에 없을 것이다.

별이 쏟아지는 '녹턴(Nocturne)'

꿈속의 선율 같은 '아다지오'를 더 하나 듣자면 쇼팽(1810~1849)의 피아노 협주곡 1번 2악장 '라르게토'일 것이다. 이 악장은 별빛 쏟아지는 밤하늘의 '녹턴'이다. 달빛이 곱게 온 세상을 뒤덮는다. 하늘에는 별들이 촘촘히 눈빛을 반짝이고 있다. 지나간 슬픈 날들이 오롯이 떠오른다. 실을 뽑듯이 쏟아지는 별빛에 지난 슬픈 추억을 한 가닥 한 가닥 실려 보낸다.

쇼팽은 사랑하는 조국 폴란드를 떠나기 2개월 전에 이 곡을 작곡했다. 조국에 대한 송별곡인 셈이다. 초연은 바로 쇼팽의 고별연주회가 되었다. 쇼팽 자신이 피아노를 쳤다. 1830년 10월 11일의 일이다. 그날 연주회에는 쇼팽의 첫사랑의 여인인 소프라노 콘스탄티아가 하얀 드레스에 장미꽃을 머리에 꽂고 참석해 노래를 불렀다. 쇼팽은 그날의 감격을 두고두고 기억한다고 편지에 상세히 적고 있다. 이 악장에 대해 쇼팽 자신이 '봄날 달빛에 젖어 있는 밤의 명상'이라고 설명을 덧붙이기도 했다.

다음은 'E. 그리그(1843~1907)'의 피아노 협주곡 가단조 2악장 '아다지오'이다. 노르웨이의 목소리를 대변한다고 알려진 그리그의 25세 때 작품으로 제2악장 '아다지오'는 가곡 풍의 서정적 아름다움을 지니고 있다. 협주곡의 '아다지오'가 꿈속의 선율이라는 표현이 실감 나는 악장이다. 노르웨이의 가락을 꿈속에 실어 보내려는 듯 약음의 현악기가 속삭이듯 노래한다. 꿈속의 귓속말 같다. 노르웨이의 독립을 빌고 빌었던 그리그는 살아생전에 조국의 독립을 보게 된다. 그런 점에서 그리그는 행운의 작곡가란 생각이 든다.

이제 바이올린 협주곡 '아다지오'로 넘어가보자. 풍성한 로맨티시즘을 가득 뿌려주었던 펠릭스 멘델스존(1809~1847)의 바이올린 협주곡 2악장 '안단테'이다. 참으로 즐거워지지 않을 수 없는 명곡 중의 명곡이다. 이 곡을 들으면 곧 감정을 풍부하게 만들어준다. 끊임없이 샘솟는 꿈의 동경이 안개처럼 피어오른다. 현대인의 메마른 감성을 촉촉이 적셔주는 음악이다. 울적할 때 들으면 곧 달콤해지는 치료약이다. 38세의 젊은 나이로 일생을 마친 젊은 그에게 이 바이올린 협주곡은 죽기 3년 전인 34세 때의 작품이다.

'아다지오'의 표본

나는 언제나 음악을 들을 때 베토벤의 작품을 기본 중심으로 삼고 있다. 멜로디, 구성, 대비, 박자 모든 면에서 그의 음악은 표준이 된다고 생각하기 때문이다. '아다지오' 악장도, 베토벤은 피아노 협주곡 중에 최고라는 협주곡 5번 '황제'에서 아주 완벽한 '아다지오' 악장을 만들어냈다. 피아노의 기교, 그리고 제1악장과 제3악장 사이에서 비교, 대비된 속도의 흐름과 반전 등 모든 면에서 '아다지오'의 완벽한 기본 틀 짜기를 마친 것이다.

별명대로 '아다지오'에 있어서도 이 황제 피아노 협주곡 '아다지오' 악장은 황제인 것이다. 기도하는 듯한 우아하고 아름다운 주제가 느릿느릿 그러나 당당하게 울린다. 느긋하고 평안하지만 주저앉지는 말라는 듯 힘을 부추겨준다. 독주 피아노는 섬세하고 아름다운 음을 수놓아 가는 듯하다. 이 정교

한 '아다지오'의 속도감은 결코 붙잡혀지지 않는 인간의 흐르는 세월만 같다. 한순간도 멈출 수는 없는 것이다.

베토벤의 하나뿐인 바이올린 협주곡 제2악장 '라르게토' 역시 같은 수준이다. 독주 바이올린의 감미로운 선율은 도서히 지상의 소리로는 생각되지 않는다. 베토벤은 자기 자신이 훌륭한 피아니스트였으나 바이올린의 특성 또한 잘 살려 자기의 예술적 욕구와 직결시킴으로써 고도의 예술 작품을 만들어 냈다고 생각한다. 베토벤의 완벽성에 가랑이 찢어지도록 뒤따라 애쓰고 있는 사람이 바로 브람스이다.

브람스의 바이올린 협주곡 제2악장 아다지오. 브람스는 여기에서도 철저하게 완벽주의를 내세운다. 브람스의 이 바이올린 협주곡은 단순히 바이올린이라는 독주악기를 중심으로 한 협주곡이 아니라 교향곡에 가까운 여러 화음과 배치, 전개, 반전 등을 꾀하여 웅장하면서도 조직적으로 완벽한 아다지오 악장을 만들었다. 이보다 더 완벽한 아다지오가 있으면 나와 봐라 하고 힘겨루기라도 할 듯한 자세이다.

그러나 역시 아름답다. 브람스도 베토벤과 같이 바이올린 협주곡은 하나밖에 없는데 기가 막힌 꿈속의 선율을 이곳에서 만들어낸 것이다. 부드러우면서도 깊이를 느끼게 하는 내면의 세계…… 깊이, 무엇을 사색하고자 할 때는 알맞은 아다지오이다. 철학적으로 사고한다면 더더욱 좋다. 피아노와 바이올린 협주곡에 첼로 협주곡을 떼어놓을 수는 없다.

불후의 첼로 협주곡 중 명곡 한 곡을 뽑아내자면 안토닌 드보르자크(1841~1904)의 첼로 협주곡일 것이다. 제2악장 아다지오는 백미 중의 백미이다. 협주곡의 제2악장에는 민요 등의 선율이 활용되는데 빠른 드보르자크의 첼로 아다지오가 최대의 효과를 거두고 있다. 향수 어린 느린 악장은 첼로로 가슴 속 깊이에 들어 있는 한을 시원하게 긁어주는 듯하다.

다른 악기들의 협주곡

협주곡의 아다지오 악장은 피아노, 바이올린, 첼로만 있는 게 아니라, 트럼펫, 오보에, 플루트, 혼⋯⋯. 이루 헤아리기조차 힘든 많은 악기가 협주곡으로 되어 있다. 여기서는 그 대표적으로 모차르트의 '클라리넷 협주곡'과 로드리고의 기타 협주곡 '아랑훼즈'를 골라본다.

모차르트의 클라리넷 협주곡 제2악장 아다지오는 독주악기 클라리넷이 아름다운 멜로디로 관현악을 줄곧 이끌어나간다. 너무도 아름다운 선율이라 널리 알려져 있다.

영화 〈아웃 오브 아프리카〉의 배경음악으로 쓰였다. 갈고 또 닦은 투명한 선율이 클라리넷을 통해 맑게 울려 퍼진다. 명 클라리넷 주자로는 빈 출신 '레오폴트 블라흐'라는 전설적 명

연주자가 있었다. 그의 클라리넷 연주는 기교 상으로나 품격 상으로나 세계 최고의 연주자라고 칭송이 대단했다. '로진스키' 지휘의 빈 국립 오페라 관현악단의 디스크가 웨스트민스터 레이블에 남아 있나.

최근에는 베를린 필의 칼 라이스터 그리고 카라얀의 추천 등을 받아 베를린 필 단원으로 들어가려다 남성단원 등의 반대로 끝난 '샤빈스 메이어'의 연주가 꼽힌다. '로드리고'의 기타 협주곡, 아랑훼즈 협주곡은 너무도 유명하여 대부분 널리 알려져 있다. 기타 협주곡 하면 이 협주곡을 떠올릴 만큼 대표격이다. 이 기타 협주곡의 제2악장 아다지오는 그중에서도 아름답기로 유명하다. 달콤한 안식이 가슴 속 깊이 스며든다.

이국적이면서도 또한 노스탤지어를 연상케 하는 이 아다지오는 정말로 평화를 불러오게 한다. 불안의 고조, 말초신경이 곤두섰을 때 이 음악은 다시없는 평화로 감싸 안아줄 것이다. 마지막으로는 'S. 라흐마니노프(1873~1943)' 피아노 협주곡 2번을 빠뜨릴 수가 없다. 연주 시 13분이나 걸리는 긴 아다지오 악장인데 슬라브적 엘레지자 스멀스멀 흘러나온다.

이 곡을 마지막으로 고르는 것은 '백건우'의 피아노 연주 때문이다. 스비아토슬라프 리히터와 아슈케나지의 연주를 최고의 명연주로 지금까지 꼽아왔다.

백건우의 이 아다지오 악장 연주는 리히터의 연주보다 1분

14초, 1분 17초나 길게 잡고 있다. 물론 이것은 그리 큰 문제가 아니다. 그러나 백건우는 이 아다지오 악장에서 슬라브의 엘레지를 보다 효과적으로 표현하려고 호흡을 맞춘 것 같다.

'페세도예프'의 지휘 또한 오래 기억되는 연주다. 백건우는 내가 보기에 늦깎둥이 같은 생각이 든다. 나이 들수록 더욱 그의 피아노 기교는 군더더기 없이 빛을 발한다. M. 라벨(1875~1937) 피아노곡 전곡 연주도 그렇고 이 라흐마니노프 협주곡 연주 또한 그렇다. 결벽증 비슷한 완벽주의를 추구하고 있다. 아름다운 명곡이니 비교 감상하면 좋을 것이다. 아다지오 악장만이라도 말이다.

내일의 생명수

협주곡의 아다지오 악장들은 너무나도 아름답고 영롱하다. 그리고 그냥 듣기에 편함뿐 아니라 로맨틱한 꿈과 희망을 안겨준다.

아다지오는 오늘날 메마르고 거칠어진 우리에게 편안함과 꿈을 안겨주는 생명수라고 생각된다. 아다지오 음악을 되도록 많이 들어서 편안한 마음가짐을 많이 가졌으면 좋겠다.

〈둘째 마당 아다지오의 추천 CD〉

모차르트 피아노 협주곡 21번 KV488

게자 안다(피이노, 지휘), 카네라타 아카데미 잘츠부르그 [G
447436-2]

바렌보임(피아노, 지휘) [TELDEC 9031-75710-2]

모차르트 피아노 협주곡 23번 KV488

제르킨(피아노), 아바도(지휘), 런던 심포니 [G 410068-2]

브렌델(피아노), 마리너(지휘), 성아카데미 [phillip 446230-2]

쇼팽 피아노 협주곡 1번

아르헤리치(피아노), 아바도(지휘), 런던심포니 [DG 45016-2]

S. 프랑소와(피아노), L.프레모(지휘), 몬테카를로 국립오페라
[EMI 5672322]

그리그 피아노 협주곡

D.리파티(피아노), A.갈리에라(지휘), 필하모니 오케스트라 [EMI
7634972]

뤼사다(피아노), M.T.토마스(지휘), 런던 심포니 [G 4399132]

베토벤 피아노 협주곡 5번 '황제'

브렌델(피아노), 레바인(지휘), 시카고심포니 [phillip 4127892]

빅하우스(피아노), H.슈미트-잇세르슈미트(지휘), 빈 필 [L 433894-2]

브람스 바이올린 협주곡

정경화(바이올린), 레틀(지휘), 빈필 [EMI EK 0540]

D.오이스트라흐(바이올린), 클렘패러(지휘), 프랑스 국립라디오 오케스트라 [EMI 7648322]

드보르자크 첼로 협주곡

로스트로포비치(첼로), 카라얀(지휘), 베르린 필 [G 447 4132]

뒤프레(첼로), 바렌보임(지휘), 시카고 심포니 [EMI 5555272]

멘델스존 바이올린 협주곡

장영주(바이올린), M.얀손스(지휘), 베르린 필 [EMI 5564182]

하이펫츠(바이올린), 뮌쉬(지휘), 보스톤 심포니 [RCA 59332]

모차르트 클라리넷 협주곡

블라흐(클라리넷), 로진스키(지휘), 빈 국립오페라 오케스트라 [Westminster 19009]

메이어(클라리넷), 퐁크(지휘), 드레스덴스타츠카펠오케스트라
[EMI 7541382]

로드리고 아랑훼즈 기타 협주곡
예페즈(기타), 나바론(지휘), 필하모니 [G 423199-2]

라흐마니노프 피아노 협주곡 2번
백건우(피아노), 페도세예프(지휘), 모스크바 라디오 심포니
[RCA 9F96]
리히터(피아노), 카라얀(지휘), 베르린 필 [G447420-2]

봄을 부르는 아다지오

봄의 기지개

봄이 오고 있다. 봄은 어떻게 올까?

누구는 봄이 야금야금 조금씩 온다고 하고 또 누구는 어느 날 새벽, 갑자기 찾아왔다고 한다. 또 어떤 이는 봄이 소리 없이 버들강아지로부터 온다고 하고 어떤 이는 시냇물 소리로부터 온다고도 한다.

그뿐일까, 어느 시인은 수줍은 처녀의 가슴속으로부터 오고 어느 소설가는 여인의 옷 색깔로부터 온다고 했다. 그러면 음악으로는 봄을 어떻게 표현했을까.

봄은 자연이 다시 태어남을 나타낸다. 자연은 연초록색으로 나무와 풀을 물들이면서 아주 서서히 언 땅을 뚫고 새싹을 움트게 한다. 아주 느리고, 조심스럽게 조금씩 연초록으로 물들여 나가는 것이 봄의 수줍음이다. 바로 봄의 '아다지오'이다. 봄은 또한 나무와 숲, 들, 산, 시내, 강 모두를 일깨우고 다시 살아나 기지개를 켜면서 약동의 준비를 서두른다. 이것은 비단 자연의 섭리만이 아니다. 자연과 더불어 그 속에서 살고 있는 인간에게 봄은 약동의 새 기운을 전한다. 새로운 희망, 떨리는 가슴, 내일의 약진을 위한 준비, 정신적 재도약을 위한 준비를 하게 한다. 그래서 봄은 시작이라고 하지 않던가. 눈에 보이는 자연현상뿐 아니라 보이지 않는 정신세계에서도 말이다. 조심, 조심, 살포시 찾아오는 봄을 부르는 '아다지오'가 이곳저곳에서 고개를 든다. 이것이 바로 '봄의 아다지오'인 것이다.

봄을 알리는 뻐꾸기

영국의 근대 작곡가 프레더릭 딜리어스(1862~1934)는 봄날 첫 뻐꾸기 소리를 듣고, 'On hearing the first cuckoo in spring'이란 아름다운 관현악 소품을 남겼다. 뻐꾸기 울음으로 봄이 왔음을 알아들으며 설레는 가슴으로 봄을 맞이하는 잔잔한 기쁨을 정감 넘치게 표현하고 있다.

첫머리의 빛을 뿌리는 듯한 화음은 봄이 찾아온 정감을 마술적으로 표현한다. 클라리넷으로 울리는 뻐꾸기 소리에 이어 그 에코가 멀리서 은은하게 여운을 남긴다. 울타리는 아침이슬에 젖어 따뜻한 햇볕에 반짝이고 있다. 잠에서 깨어나는 대지의 평화로움에 잠겨있으면 멀리서 뻐꾸기의 첫 울음소리가 들린다. 옛 영어 시에 많이 등장하는 뻐꾸기의 울음소리는 봄이 왔음을 새삼 알려준다. 한 폭의 그림처럼 봄의 정경을 느끼게 한다. 너무도 유명한 비발디의 '사계' 중 첫 곡 봄에서 라르고의 악장은 봄을 이렇게 읊고 있다. '꽃피는 목장에서는 나뭇잎이 속삭이고 양치기는 충실한 개 옆에서 낮잠을 잔다.'

한가로운 전원 풍경을 솔로 바이올린이 아리아 풍으로 나른하게 어루만져 준다. 봄은 급하게 서두르지 않고, 느긋하게 자연의 대지를 어루만지듯 덮어준다.

베토벤의 바이올린 소나타 제5번 '봄' 작품 24에서 2악장 아다지오는 어떨까. 베토벤은 여기에서 자연의 봄을 표현하는 한편 정신적 봄도 함께 다루고 있다. 이 제5번이 '봄의 소나타'라고 불리는 것은 어둡고 침울한 수많은 베토벤 소나타 중에서 이 곡만큼은 밝은 희망과 행복감이 가득 차 있기 때문이다. 희망에 벅찬 로맨틱한 명선율이 끊임없이 이어지고 있다. 봄은 우리에게 내일의 희망을 준다. 그것은 바로 탄생의 시작이기 때문이다. 베토벤은 정신적 봄을 희망으로 나긋나긋하게 '아다지오'를 통해 제시한다. 급하지 않게 가슴속으로 조용히 스며들게 한다.

물론 베토벤 자신은 이 소나타에 '봄'이란 명칭을 스스로 붙이지는 않았다. 그러나 이 소나타를 들은 많은 사람들이 봄처럼 따스한 희망을 느끼게 되었기 때문이다.

봄바람 속에 아지랑이 피어오르고 들꽃이 아름답게 피어나는 봄의 정경이 떠오른다. 특이하게 이 봄 바이올린 소나타는 3악장이 아니라 4악장의 구성으로 보다 완벽성과 장대함을 갖추어 '전원 교향곡'과 '제8번 교향곡'까지를 연상하게 만든다.

정신적인 봄

모차르트의 현악4중주 제14번 KV 387 또한 '봄'이라는 부제를 갖고 있다. 이 곡은 모차르트가 '빈 4중주곡'을 쓴 다음, 10년 가까이 현악4중주곡으로 떨어져 있다가 1782년 12월 31일에 완성한 것이다. 10년 만에 4중주곡을 다시 쓰게 된 동기는 요제프 하이든(1732~1809)의 '러시아 4중주'곡에서 받은 깊은 감동 때문이다.

'나의 친근한 벗 하이든에게'

넓은 세상 밖으로 자신의 아들을 떠나보내려 결심한 부친은 행운으로 최고의 벗이 된 오늘날 가장 유명한 사람의 비호나 지도에 그들을 맡기는 것이라고 생각했습니다. 고명한 사람이며 나의 최고의 벗인 그대여, 여기 6명의 아들이 있습니다. 그들은 실로 길고도 고통스러운 노고의 결과입니다. 그러나 언젠가는 그 노고에 보람되리라고 생각하는 희망이 나에게 용기를 주고 또 이들이 언제인가는 나에게 위로를 줄 수 있을 것이라는 기대를 갖게 합니다. 친애하는 당신은 이곳에 머무르고 계실 동안 당신의 만족한 의견을 나에게 나타내 보이셨습니다. 이러한 당신의 찬의가 나에게 격려를 가져다주고 그 때문에 나는 당신에게 그들을 맡기고 그들이 당신의 총애를 받을 수 있기를 희망하고 있습니다. 그러므로 아무쪼록 넓은 도량으로 그들을 받아주시기 바랍니다. 그리하여 그들의 아버지로서, 지도자로서, 또한 벗이 되어주십시오. 지금부터 그들에 대한 나의 권리를 당신에게 맡기고 또한 아버지로서의 편애의 눈이 나를 가렸을지도 모를 결함을 관대하게 주의해주시고, 그들의 의지에 반대되더라도, 나 자신이 그러하듯 당신의 관대한 우정을 소중히 여기고 있는 저에게 그 우정을 이어나가기를 바라는 바입니다. 친애하는 벗, 당신께 더없이 성실한 벗.

볼프강 아마데우스 모차르트, 1785년 9월 1일

모차르트는 1785년 1월까지 6곡의 연작을 완성하고 최후의 작품을 추가 완성한 다음 하이든을 자택에 초대하여 듣게 했다. 그리고는 악보를 출판할 때 아름다운 헌사를 직접 썼다. 이 헌사는 하이든에게 끝없는 존경의 마음을 표시하고, 참다운 천재만이 털어놓을 수 있는 자부심이 솔직히 이야기되고 있어 음악사상으로는 물론 문학적으로도 중요한 명문이 되고 있다. 이리하여 이 4중주곡 6곡은 '하이든 4중주곡'이라고 부르게 된다. 제14번 KV387은 하이든 4중주곡의 첫 번째가 된다.

부제가 '봄'인 것은 아마 새로운 형식과 도약을 위한 야심과 포부를 갖고 멋들어지게 작곡한 첫 번째 4중주곡이며, 새로 오는 봄날의 움트는 새싹을 연상케 하기 때문이라고 생각한다. 그러나 최근에는 이 '봄'이란 부제를 잘 사용하지 않는다. 이 '하이든 4중주곡' 중에는 모차르트의 대표작이라고 꼽히는 '사냥' 제17번 KV458, 제19번 '불협화음' KV465 등의 명곡들이 들어 있다.

현악4중주 제14번 KV387 '봄'의 제3악장 안단테 칸타빌레는 희망찬 봄을 속삭여주는 듯 포근하게 감싸준다. '봄'이라는 부제가 붙지 않더라도 내 앞의 희망찬 도약을 위해 안식처를 찾는 듯 위로가 된다. 그리고 은은하게 자신감마저 넣어준다.

프랑스의 인상파 작곡가 클로드 드뷔시(1862~1918)는 교향적 모음곡 '봄'을 만들었다. '봄'은 인상파 작곡가로서 더할 나위 없는 소재이다. 드뷔시는 '고통스럽게 탄생해서는 차츰 꽃 피고, 환희에 도달하는 자연의 모습을 그리려 했다'고 한다. 느리고 빠른 두 악장으로 구성되어 있으나 소재는 모두 같으며 봄의 탄생과 환희를 나타낸다. 파릇파릇 움트는 싹, 얼음을 깨고 흐르는 시냇물처럼 음악은 새싹이 돋는 듯 촉촉이 가슴을 적셔준다. 다시없는 '봄'을 그린 음악이라 아니할 수 없다.

인상파 화가 모네의, '인상, 해돋이'와 마찬가지로 이 소중한 음악도 처음에는 프랑스 파리 악단에서 혹평을 받았다. 그러나 오늘날에는 '봄'을 알리는 음악으로 이보다 더 적절한 명곡은 없을 것이다. 연주 시간 약 16분의 길지 않은 곡이지만 드뷔시의 독창성을 볼 수 있다. 이제 봄이 차츰 무르익고 있다. 전원은 파란 옷으로 갈아입었다. 시냇물은 소리 내어 흐르고 숲 속에서는 여러 새들의 노랫소리가 명랑하게 들려온다. 베토벤은 아름다운 자연을 그린 기막힌 교향곡을 하나 남겼다. 교향곡 제6번 '전원' Op.68이 바로 그것이다. 자연 풍경을 한없이 사랑하고 있던 빈 교외의 하일리겐시타트에서 작곡되었다. 베토벤 자신이 '전원 교향곡'이라고 이름 붙였으며 각 악장마다 표제를 붙였다. 또 교향곡의 형식이 보통 4악장인데 비해 이 곡은 5악장으로 되어 있다. 제1악장은 '전원에 당도했을 때 일어나는 상쾌한 기분', 제2악장은 '시냇가의 장면', 제3악장은 '농부들의 즐거운 모임', 제4악장은 '뇌우, 폭풍우', 제5악장은 '목가, 폭풍우 뒤의 즐거운 감사에 넘친 기분'이다.

베토벤은 이렇게 '전원'이란 큰 부제 아래 악장마다 표세를 붙여 놓고서도 이 곡 자체는 결코 풍경을 묘사한 단조로운 음악이 아니라고 주장한다. 베토벤은 자신이 직접 나와 지휘했을 때 프로그램에 전원생활의 회상이라 써넣었으면서도 '이 곡은 그림보다도 훨씬 더한 감정의 표출'이라고 덧붙여 자신의 심경을 호소했다.

단순히 자연의 소리를 모방하여 음악화한 것이 아니라 자연을 보고 느낀 감정, 즉 정신세계를 표현한 것이라는 말이다. 그러나 여하튼 이 '전원 교향곡'의 표제들은 그 후 '베를리오즈'의 표제음악에 커다란 영향을 주었다. 그리고 표제음악의 등장을 촉진시켰다.

이 곡에서 봄의 아다지오로 우리가 주목하는 것은 제2악장 안단테 몰토 모쏘(ANDANTE MOLTO MOSSO)이다. '시냇가의 장면'이라는 표제인 이 악장은 시냇물이 조잘거리며 흐르듯 현악기의 소리가 번갈아 나타나며 맑고 한가롭기 그지없는 주제가 제1바이올린으로 제시된다. 그 뒤에는 크게 요동치는 촉촉한 선율이 물굽이를 휘돌아가는 장면을 연상케 하며 평화롭게 흘러내린다. 맑은 시냇물 흐르는 소리를 이보다 더 어떻게 표현할 수 있을까. 그리고 숲 속 공기는 맑고 평화롭다. 그 속에서 꾀꼬리(플루트), 메추리(오보에), 뻐꾸기(클라리넷)의 울음소리가 들린다. 숲과 시냇물이 봄 기지개를 켜면서 잠에서 깨어나 생동감을 일깨워준다. 숲과 시냇물 그리고 새들의 울음소리 3박자가 정교하게 전원 풍경을 인식시켜 준다.

같은 시기에 작곡된 제5번 '운명 교향곡'과 비교해볼 때 너무나도 극과 극이다. '운명'이 있음으로써 '전원'이 더한 빛을 발하며 '전원'이 있음으로써 '운명'이 더 극적으로 느껴지지 않는가. '전원' 교향곡을 들으면 어떤 소용돌이 속의 감정이라도 봄눈 녹듯 편안하게 사그라진다. 이래서 베토벤 자신도 단순한 풍경 묘사가 아니라 자연에서 느껴지는 감정의 표현이라고 정신적 창작을 강조했나 보다.

영국의 '랄프 본 윌리엄스(1872~1958)'도 제3번 '전원 교향곡'을 작곡했다. 베토벤의 것과 비교해볼 때 아기자기하지는 못하지만 영국의 널따란 초원과 목장을 연상시키기에는 충분하다. 또 개천의 물소리라든가 태풍 따위 같은 사실적인 대목은 전혀 보이지 않는다. 이 곡은 영국 특히 잉글랜드의 고요하고 명상적인 전원 풍경의 기분과 풍치를 영국인답게 고요히 그려내고 있다. 『내 사랑 아다지오』는 이 본 윌리엄스의 '전원 교향곡' 중 제2악장 렌토, 모데라토에 주목하지 않을 수 없다. 낭만적인 혼의 독주로 시작되어 현악 기준의 상승이 계속된다. 트럼펫이 정적을 깨듯 울리는 선율은 고독하면서도 매력적이다. 이 묘한 트럼펫의 선율은 본 윌리엄스가 제1차 대전에서 북부 프랑스에서 야영하고 있을 때 나팔수가 부는 소리를 듣고 힌트를 얻었다고 한다. 이 악장은 묘한 안도의 감정을 느끼게 한다. 우선 편안한 전원 풍경에서 울려 퍼지는 트럼펫소리는 고독과 희망을 동시에 안겨준다. 넓은 벌판에서의 고독감, 그것이 바로 봄날에 느끼는 희망의 고독이 아니겠는가.

음악에서 느끼는 인간의 감정이란 언제나 상대적 모티브를 갖게 마련이다. 동토의 겨울이 있음으로써 연초록색의 봄이 있는 것이고 고통과 고뇌 다음에는 평화가 반드시 뒤따르기 마련일 터이다.

'슈만'의 교향곡 제1번 '봄'은 자연의 봄이라기보다 정신과 육체적인 내면세계의 봄을 표현하고 있다. 슈만은 처음 이 교향곡 '봄'에 '봄의 시작' '저녁' '즐거운 놀이 동무' '봄의 높이' 등의 표제를 붙였다. 그러나 이 제목들이 교향곡이라는 그 자체에서 관심을 벗어나게 한다고 생각하고는 전부 삭제해버렸다. 활기찬 에너지를 불어넣는 듯한 제1악장이 끝나고 제2악장 라르게토에서 슈만은 가곡의 솜씨를 여실히 발휘하여 낭만적 색채감 있는 선율로 즐거운 마음을 갖게 한다. 슈만의 교향곡에 대한 야심과 천재성이 최고조로 나타나는 곡으로 소생의 봄, 아름답고 즐거운 봄을 마음껏 느끼게 해준다.

마지막으로 봄에 대한 음악을 이야기할 때 빠뜨릴 수 없는 현대적 명곡이 있다. '이고르 스트라빈스키(1882~1971)'의 '봄의 제전'이다. 발레 곡으로 작곡된 이 곡은 우선 초연 때 청중들을 깜짝 놀라게 해서 찬반이 서로 엇갈려 싸움까지 일어났던 곡이다. 현대적인 섬세한 감각을 불협화음처럼 엇갈리게 하면서도 이상한 화음을 유도하여 정말 깜짝 놀라게 한다.

　제1부 '대지에의 찬양'과 제2부 '희생의 제사'로 되어 있는데, 제1부 '대지의 찬양'은 전 8곡으로 나누어져 제1곡은 서곡으로 다가오는 봄의 신비로움을 '파곳'으로 나타낸다. 제2곡은 '봄의 싹틈과 젊은 남녀의 춤'으로 원시 바바리안 이름을 관악기의 춤들로 강하게 표현한다.

　봄을 알리는 '아다지오'가 광란의 음악으로 변한 듯한 열정을 보여준다. 사교의 춤, 봄의 광란이라고 해야 될 것 같다. 그러나 이 곡을 들으면 산만해지면서도 마지막에 오는 안도의 숨이 저절로 나온다는 것이다. 광란 뒤에 오는 편안함이라 할까. 아니면 엑스터시 뒤에 오는 노곤함인지도 모르겠다. 봄의 시작에서 제전까지 봄은 이제 우리에게 완연히 다가서 있다.

〈셋째 마당 아다지오의 추천 CD〉

딜리어스 '봄에 첫 뻐꾸기 소리를 듣고'

바비롤리(지휘), 런던교향악단 [EMI 565119 2]

핸들레이(지휘) 런던 필하모니 [CHANDOS 8330]

비발디 '사계' 중 봄

이무지치(연주) [PHILIP 416 6110-2]

정경화(바이올린) [EMI EKCD 0521]

베토벤 바이올린 소나타 제5번 '봄'

크레머(바이올린), 아르헤리치(피아노), [DG 419 787-2]

주커만(바이올린), 바렌보임(피아노) [EMI 464631 2]

모차르트 현악4중주 제14번 KV387

스메타나 4중주단 [Denon 33CD-1587]

알반 베르크 4중주단 [Teldec 4509-95495-2]

베토벤 교향곡 제6곡 '전원'

발터(지휘), 콜롬비아 심포니 [SONY 644621]

반트(지휘), NDR 심포니 [RCA 74321-54237-2]

본 윌리엄스 교향곡 3번 '전원'

슬래트킨(지휘), 필하모니아 [RCA 09026 011942]

볼트(지휘), 런던 필하모니 [EMI 764618 2]

슈만 교향곡 제1번 '봄'

시노폴리(지휘), 드레스텐 슈타츠카펠레 [DG 439 923-2]

번스타인(지휘), 뉴욕 필하모니 [SONY 47611]

스트라빈스키 발레곡 '봄의 제전'

불레즈(지휘), 클리블랜드 심포니 [DG 435 719-2]

도라티(지휘), 런던 심포니 [PHILIP 434 331-2]

이야기가 있는 아다지오

오페라 Prelude & Intermezzo의 속삭임

이야기가 있는 '아다지오'란 오페라의 전주곡(Prelude)이나 간주곡(Intermezzo)의 '아다지오'를 말한다. 유명한 오페라 작곡가들은 전주곡이나 간주곡에서 '아다지오'를 기막히게 잘 사용하여 오페라 청중들을 극 속의 황홀경으로 마취시키듯 빠져들게 하고 있다.

'아다지오'는 한숨 돌리며 쉬게 하는 작용도 하지만 깊은 심연으로 빠져들게도 만드는 묘한 습성도 가지고 있다. 아름다운 멜로디로 청중을 울게 만들고 한숨짓도록 하며 회한에 빠지게 한다. 결국 청중은 음악에 도취되어 카타르시스에 빠져든다. 자신도 모르는 사이에 한숨짓게 되고 눈물을 흘리며 오페라 속으로 빨려 들어가는 것이다.

오페라 전주곡이나 간주곡의 '아다지오'는 대체로 애절하고 슬픈 멜로디가 주류를 이룬다. 인간의 심성은 기쁨보다는 '슬픔' 속에서 더욱 카타르시스를 찾게 되는 것 같다. 대표적인 두 개의 오페라 전주곡과 간주곡의 예를 들어보겠다.

슬픈 사랑의 이야기

첫 번째는 베르디(1813~1901)의 오페라 〈라 트라비아타〉이다. '타락한 여인' 즉 창녀라는 뜻이다. 원작은 뒤마 피스의 『동백꽃 아가씨』이다.

베르디는 그 당시로써 크게 용기를 내어 신화나 귀족이 아닌 천민을 주인공으로 한 인간애를 다루었다. 외면적으로는 화려하지만 정신적으로나 육체적으로 썩어가는 비참한 한 인간인 창녀에게 눈길을 돌렸다. 시골 홀아비의 맏딸로, 10살 때 한 접시의 수프에 처녀를 바친 그녀는 12살에 맨발로 파리로 올라와, 육체가 곧 돈이 된다는 사실을 알게 되자 사랑의 기교를 익혀가며 환락의 거리에 몸을 던진다. 상대가 날로 고급화되어 연 10만 프랑의 생활비를 탕진하는 일류 중의 일류 창녀로 변모한다. 그녀는 밤마다 파리의 극장에 나타나 한 달 중 25일은 흰 동백꽃을, 나머지 5일은 붉은 동백꽃을 가슴에 꽂아 자신의 생리 사이클을 대담하게 알려, 동백 아가씨란 별명으로 불리게 된다. 24살의 뒤마는 그녀를 사랑했다. 그러나 스페인 여행에서 돌아와보니 동백꽃 아가씨는 폐병으로 이미 세상을 떠난 후였다. 그는 울면서 펜을 잡아 소설을 썼고 그 '동백꽃 아가씨', 즉 '춘희'는 일대 선풍을 일으켰다.

베르디는 이 소설을 보고 바로 이것이 내가 구하고 있던 소재라며 대본을 쓰게 하여 곧바로 작곡했던 것이다. 베르디는 천한 창녀의 희생적 사랑을 통하여 '진실한 사랑은 무엇인가' '남자와 여자의 본질은 무엇인가' '모럴이란 무엇인가'를 되새겨보게 하고 있다. 막이 오르기 전, 전주곡 '아다지오'는 b단조로 시작되는데, 바이올린이 약하고 슬픈 선율을 연주한다. 주인공 비올레타의 순애가 모티브라고 할 수 있는 선율이 현악합주로 고조되다가 꺼져가듯 끝난다. 그것은 마치 병에 걸려 쓸쓸하게 시골에서 요양하고 있던 비올레타가 완쾌되어 다시 파리 사교계에서의 꽃이 되고, 타오르는 사랑을 하며, 그 슬픈 결말을 맞는 과정을 차례로 표현하고 있는 듯하다.

3막 전주곡은 격렬한 충돌 후에 한숨 돌리는 '아다지오'이다. 또한 세월의 흐름, 사랑의 오해에서 온 비극의 종말을 앞에 두고 정신을 가다듬는 진정제이다. 그러나 주인공의 병세는 이제 돌이킬 수 없는 죽음 앞에 놓였다. 애절하고 슬픈 사연을 예고하는 멜로디다. 베르디가 오늘날에도 이 오페라로 인기몰이를 하고 있는 이유는 아주 통속적인 이야기를 명선율로 지고지순하게 만들었기 때문이다. 슬픈 사랑의 이야기에 현실감 넘치는 달콤한 멜로디로 사랑의 카타르시스를 안겨준다. 이 1막 전주곡과 3막 전주곡은 연주회용으로도 즐겨 연주된다.

사랑과 죽음

두 번째로 바그너(1813~1883)의 악극 〈트리스탄과 이졸데〉를 꼽지 않을 수 없다. 바그너는 도저히 이루어질 수 없는 사랑을 하는 두 남녀의 내면세계를 지도동기와 무한선율이란 독창적인 방법을 통해 최고의 성애 관능의 음악을 만들었다. 〈트리스탄과 이졸데〉의 전주곡은 두 사람이 사랑의 심리적 진전을 음악으로 표현한 것이다. 바그너 자신이 이 곡에 표제를 달고 있다.

트리스탄은 자기 자신이 중매쟁이가 되어 이졸데를 백부에게 데려간다. 그러나 실은 두 사람이 서로 사랑하고 있다. 진정시킬 수 없는 욕망의 가장 조심스런 호소에서 시작되어, 이루어질 수 없는 사랑의 고백의 섬세한 설렘과 사랑의 무서운 폭발에 이르기까지, 마음속에 불타고 있는 정열과의 헛된 싸움의 과정에서 일어나는 모든 감정이 표현되어 있다. 그리고 이 감정은 정신을 잃어 자기 마음속에 가라앉고 말아 죽음 속으로 사라져 갈 수밖에 없다.

처음에 나타나는 트리스탄의 '동경의 동기'는 오페라 전체를 통해 가장 중요한 동기로 사랑의 끊임없는 동경을 이야기한다. 그다음에 '사랑의 동기'가 나오고 '운명의 동기'가 뒤따른다. 이들 동기는 직물의 실이 다음 실과 얽혀 있는 것과 같이 선율은 끊임없이 커지면서 서로 이어나간다. 이것이 바로 무한선율이다.

끈끈한 운명의 실타래는 사랑과 육체적 쾌락 속에 몸과 마음을 끊임없이 묶으면서 죽음을 예고하고 있다. 이 지도동기와 무한선율에 의한 바그너의 음악은 마약처럼 청각을 육체적 환희 속으로 끌어들인다. 때문에 이 바그너의 음악을 최고의 성애음악이라고들 하는 것이다. 클라이맥스를 이루는 '이졸데의 죽음' 음악 또한 비극이다 못해 '죽음의 미학'을 맛보는 듯하다. 사랑의 죽음은 두려운 것이 아니라 아름다운 것이라는 것을 마치 음악으로 보여주는 것 같다.

이 '전주곡'과 '이졸데의 죽음'에 맛이 들면 빠져나올 수 없는 늪 속 깊이 잠기고 마는 것 같다. 사랑이란 '죽음의 극치'가 아닐 수 없다.

간주곡의 백미

'아다지오' 간주곡의 대표는 마스카니(1863~1945)의 베리즈모(현실주의) 오페라 〈카발레리아 루스티카나〉에 나오는 간주곡이다. 무대에는 사람의 그림자도 보이지 않는다.

조금 전 교회 앞 광장에서 마부 알피오가 제대해 돌아온 뚜리두의 애인인 산투자로부터 그의 처 롤라와 뚜리두가 수상한 사이라는 고자질을 듣고, 복수할 것을 맹세하는 한편, 질투심에 복받쳐 고자질은 했지만 사랑하는 뚜리두의 신상에 무슨 일이 일어날까 불길해하는 산투자의 극적 장면으로부터 무대가 바뀌어 공허해졌을 때 바로 이 유명한 간주곡이 연주된다. 종교적인 깨끗함과 고요함을 지닌 이 간주곡의 첫 선율은 교회로 가는 마을 사람들의 기도 합창으로 시작되어 교회에서 울리는 오르간 소리로 화음을 이룬다. 이 간주곡은 장면의 전환과 시간의 경과를 동시에 알려주는 역할까지를 겸해서 단막 오페라이면서도 2막짜리 같은 효과를 내도록 하고 있다.

19세기 시칠리아 섬을 무대로 이름도 없는 시골 사람들의 애정 스캔들을 그린 이 〈시골 목사〉란 제목의 이 오페라는 마스카니의 대표작으로, 초연되던 날 밤 작곡가가 40번이나 무대에 나와 앙코르에 답례를 해야 할 정도로 성공을 거두었다. 가난한 서민의 실생활을 끌어들여 가식 없는 간결한 묘사와 민요조의 선율을 사용, 강한 현실감을 준 작품으로 베리즈모 오페라로 널리 알려져 있다. 이 간주곡은 더욱 인기가 있어 연주회용으로 자주 연주된다.

운명의 실타래

푸치니(1858~1924)의 오페라 〈마농 레스코〉의 3막 간주곡도 감미로운 선율로 대표되는 곡이다. 18세기 프랑스 소설가 '아베 프레보'의 정열과 운명의 로망스 『마농 레스코』는 프랑스의 오베르와 마스네, 그리고 이탈리아의 푸치니 3인의 작곡가에게 오페라 소재가 되었다. 그중 널리 알려진 것은 마스네의 〈마농(5막)〉과 푸치니의 〈마농 레스코(4막)〉이다.

호색한 귀족 '제론트'의 도움으로 파리에서 호화로운 생활을 하고 있는 마농 앞에 첫사랑의 연인 '데그뤼'가 나타나 재회를 기뻐하며 사랑을 나눈다. 제론트는 마농을 간통죄로 몰아 미국 루이지애나주로 추방키로 한다. 드 아블한의 감옥에서 죄수 여인들과 미국으로 떠나는 배를 기다리는 마농, 그녀를 석방시키기 위해 데그뤼는 백방으로 노력하지만, 그는 속수무책으로 그녀가 가는 곳까지 따라갈 수밖에 없다. 간주곡은 두 사람의 암담하고 비참한 앞날을 예고하면서 사랑의 회상을 되씹는 듯 감미로운 선율과 앞날의 불안을 표현한다.

푸치니는 마스네의 〈마농〉과 비교해 뛰어나게 만들어보려고 대본을 여섯 사람에게나 맡겨서 고쳤기 때문에 원작과도 다르고 또 서로 엇갈리는 줄거리가 되고 말았다. 그러나 푸치니의 음악만은 서정적인 선율로 높이 평가되었으며, 이 3막에 앞서 연주되는 간주곡은 명곡으로 널리 독립해서 연주되고 있다.

간주곡만 남은 오페라

'볼프 페라리(1876~1948)'는 〈마돈나의 보석〉이란 오페라를 작곡했지만 오늘날에는 오페라가 거의 상영되지 않고 3막 앞에 나오는 간주곡만이 유명해져서 연주회용으로 자주 연주된다. 젊은 대장장이 '제나로'는 어머니와 의붓동생 '마리엘라'와 함께 살고 있다. 성모제 전날 밤, 마리엘라는 어머니와 의붓오빠의 만류도 뿌리치고 밤거리로 뛰쳐나간다. 거기에는 비밀결사 일행들이 도착, 리더 격인 '라파엘로'가 그녀에게 다가와 사랑을 고백한다. 그녀는 그것을 거절하며 머리핀으로 남자의 손을 찌른다.

남자는 그 상처에 입을 맞추며 기뻐한다. 처녀 성모 행렬이 가까워지자 라파엘로는 마리엘라에게 다시 다가와, 네가 원한다면 성모 마돈나에 박혀 있는 보석도 빼어다주겠다고 한다. 사랑을 알게 된 마리엘라는 자유롭고 분방한 생활을 위해 나가겠다고 말한다. 의붓오빠 제로나도 마리엘라를 마음에 두고 있기 때문에 마리엘라를 강력하게 말린다. 그러나 마리엘라는 마돈나의 보석을 훔쳐다주는 남자를 사랑하겠다고 말한다. 제로나는 곧이곧대로 나가 마돈나의 보석을 훔쳐온다. 마리엘라는 놀라면서 그것을 받는다.

3막 전에 아름다운 간주곡이 연주된다. 숨 가쁜 비극과는 너무도 다른 아름다운 선율이다. 그러나 애잔한 비극적 결말을 암시하고 있다. 아름다운 선율 속에 감추어진 '슬픔의 멜로디'라고 할까. 그러나 마리엘라는 라파엘로에게로 가서 사실을 고백하고 바다에 몸을 던진다. 제로나 역시 죄를 뉘우치고 자살하고 만다. 통속적이고 비속한 줄거리에 비해 간주곡만은 보석 이상으로 영롱하게 남아 더욱 찬란한 빛을 발하고 있다.

'프란츠 슈미트(1874-1939)'가 작곡한 오페라 〈노트르담〉의 간주곡 역시 매한가지이다. 문호 빅토르 위고의 명작『노트르담 드 파리』에 의한 2막짜리 오페라로 1914년 빈에서 초연되었다. 위고의 이 명작 소설은 〈노트르담의 꼽추〉라는 제목으로 여러 번 영화화되어 더욱 유명해졌다. 집시 처녀 '에스메랄다'에게 반한 노트르담 사원의 부승정은 종지기 꼽추인 '카시모도'에게 명해 그녀를 유혹하고 에스메랄다의 애인 청년까지 죽게 한다. 그래도 그의 뜻에 따르지 않는 그녀마저 사형에

처한다. 사원의 탑 위에서 이 광경을 보고 있던 꼽추 카시모도는 마침내 참을 길 없어 부승정을 죽이고 에스메랄다에 대한 연정으로 그 사체를 품고 있다가 탑 위에서 몸을 던져 죽고 만다. 파리의 노트르담 대사원을 배경으로 한 기막힌 멜로드라마이다.

제2막에 앞서 연주되는 간주곡은 두 연인의 비극적 죽음의 애수를 이국적으로 담은 명곡으로, 최근에 와서 독립된 간주곡으로 연주되고 있다.

정열적 야성의 폭발

G. 비제(1838~1875)는 경쾌하면서도 인간의 욕망, 사랑과 질투 그리고 사랑의 독점과 야성의 비극을 함께 담은 기막힌 오페라 〈카르멘〉을 남겼다. 여기에서의 전주곡과 간주곡은 때로는 즐겁고 경쾌하게 때로는 애잔한 여운을 남기며 청중들의 가슴속을 뒤흔들어 놓는다. 즐거운 가운데서도 가슴이 쓰라리고, 경쾌한 스페인 무곡 속에서도 운명의 굴레에서 벗어나지 못하는 인간의 욕망과 질투가 교묘하게 교차되면서 사랑의 비극을 일깨워준다. 한숨 쉬어 가는 '아다지오'에 알맞은 곡으로는 하프의 분산 화음을 타고 플루트의 우아한 선율이 흐르는 2막과 3막의 간주곡이 유명하다. 〈카르멘〉 모음곡 조

곡 판에서는 카르멘이 돈 호세를 유혹하며 부르는 세키데일리아나 3막에서의 미카엘라의 아리아 등이 오케스트라만으로 연주되는 '아다지오'의 알맞은 곡들이다. 줄거리는 너무나도 유명해서 되풀이할 필요도 없을 줄 안다.

집시 여인 카르멘과 사관생 돈 호세 그리고 투우사, 돈 호세를 사랑하는 순진한 처녀 미카엘라 등이 벌이는 사랑과 욕망의 번뇌, 그리고 애증은 그야말로 우리에게도 가까운 일처럼 다가온다.

오페라 전체를 들어도 좋지만 모음곡으로 전주곡이나 간주곡, 그리고 명선율을 귀에 익히는 것도 즐거운 일이 아닐 수 없다. 오페라의 전주곡이나 간주곡의 아름다운 '아다지오' 선율은 곳곳에 보석처럼 박혀 있다.

너무도 잘 아는 마스네의 '타이스의 명상곡'도 오페라 〈타이스〉의 간주곡이다. 이 밖에도 조르다니의 '페도라' 간주곡, 무소륵스키의 '호반시차나'의 제4막 간주곡, 칠레아의 '아드리아나 르크바르'의 2막 간주곡, 레온카발로의 '팔리앗치' 중 간주곡 '벤저민 브리튼(1913~1976)'의 '피터 그라임스' 간주곡 등 가슴을 에는 듯한 명장면에 명간주곡들이 수두룩하다. 작곡가는 자신의 오페라 속으로 청중을 쉽게 끌어들이기 위해 아름다운 '아다지오' 선율로 유혹하고 있는 것이다. 그러니까 작곡가는 이 전주곡이나 간주곡을 작곡할 때 어떻게 하면 청중들의 심금을 사로잡아 오페라 속으로 끌어들일 수 있을까를 고민해 전주곡과 간주곡을 만들어내는 것이다. 최선을 다한 명선율에 유혹의 손을 잡으니 명곡이 나오지 않을 수 있을까.

그것은 또한 정신적 카타르시스를 불러일으켜 자신의 정신 세계를 정화시키는 작용도 함께 이루어내게 만든다. 가슴이 뭉클하여 눈물을 흘리고 나면 속이 후련해지는 이치와 같지 않을까. 이야기를 곱씹으며 줄거리를 상상하면서 듣는 전주곡과 간주곡의 '아다지오'는 내 사랑이 아닐 수 없다.

〈넷째 마당 아다지오의 추천 CD〉

베르디 '라 트라비아타' 1막 전주곡과 3막 전주곡

카라얀(지휘), 베를린 필하모니 오케스트라 [DG (2CD) 453058-2]

무티(지휘), 라스칼라 오케스트라 [SONY SK 68468]

바그너 '트리스탄과 이졸데' 전주곡과 사랑의 죽음

테이트(지휘), 바이에른 방송교향악단 [EMI 7491962]

카라얀(지휘), 베를린 필하모니 오케스트라 [DG 413754-2]

마스카니 '카발레리아 루스티카나' 간주곡

시노폴리(지휘), 필하모니 오케스트라 [DG 429568-2]

프레틀(지휘), 라스칼라 오케스트라 [Phillip 416137-2]

푸치니 '마농 레스코' 3막 간주곡

시노폴리(지휘), 필하모니아 오케스트라 [DG 413893-2]

오자와(지휘), 피오렌티노 오케스트라 [Phillip 456586-2]

볼프 페라리 '마돈나의 보석' 간주곡

데이비스(지휘), 런던 심포니 오케스트라 [EMI EKC2D 0449]

슈미트 '노트르담' 간주곡

데이비스(지휘), 런던 심포니 오케스트라 [EMI EKC2D 0449]

비제 '카르멘' 전주곡과 간주곡

정명훈(지휘), 바스티유 오케스트라 [DG 431778-2]

하이팅크(지휘), 로얄 콘서트헤보우 오케스트라 [Phillip 446198-2]

새콤 달콤 로맨틱 '아다지오'

슬픈 이별도 달콤한 추억

가슴 아픈, 슬픈 이별도 아름답고 달콤한 추억으로 만들 수 있을까. 젊었을 때 뼈저린 이별이 나이 들고 늙어서 기쁜 추억이 될 수 있더라도 얼마나 허무하고 또한 덧없는 일이겠는가. 그러나 우리의 기억 속에 슬픈 이별이 영롱한 별빛처럼 아름답게 빛난다는 것은 즐겁고 아름다운 일이 아닐 수 없다. 로맨티시즘, 우리말로 하면 낭만주의—실제로 낭만주의는 일본인이 번역해 만들어낸 근대 용어이지만—는 우리로 하여금 상상의 나래로 새콤달콤한 감정을 끝없이 갖게 해준다. 사실 로맨티시즘은 고전주의와 합리주의에 반기를 들고 일어난 주의, 주장이다. 개인의 감정과 정서에 더 높이 무게를 주어 개인, 자연의 자유로운 발상과 행동을 중요시한 것이다.

흔히들 자유분방하고 어디에 얽매이지 않는 사람을 마지막 로맨티스트라고 부르기도 한다. 그래서 이런 주의, 주장을 동경하는 낭만파 모임도 생겨나고 자기 자신이 가장 로맨티스트임을 자랑하려고도 한다. 18세기 말에서 19세기에 들어오면 이런 주의, 주장은 음악사에도 뚜렷이 나타나 낭만파 음악이 싹을 튼다. 이들은 에로틱하고 이그조틱하며 비현실적인 상상의 나래를 활짝 열어 아름다운, 그러면서도 애상 어린 '아다지오'를 만들어냈다.

슬픈 가락이지만 너무나도 달콤하다. 자유분방하고 어디에도 구속받지 않는 상상력이 없었다면 이런 새콤달콤한 '아다지오'는 만들어지지 않았을 것이다.

허무, 사랑, 인생 이름하여 로맨틱 '아다지오'. 그 대표는 그리그의 '솔베이그의 노래'이다. 자유분방하고 허황된 꿈을 좇는 로맨티스트인 한 사나이가 있다. 그 이름은 '페르 귄트', 그에게는 청순하기 그지없는 약혼자 솔베이그가 있는데도 돈과 모험을 찾아 먼바다로 떠나간다. 어떤 곳에서는 마을 결혼식장에서 신부를 훔쳐 도망치기도 하고, 어느 때는 마왕의 딸에게 흠뻑 빠져 있다가 놀라 도망치기도 한다. 성공을 거두었는가 싶으면 도로아미타불로 실패하고, 예언자 흉내를 내려다가 여자의 유혹에 빠져들고 만다. 이런저런 모험을 되풀이하면서 마지막에는 미지의 대륙 아메리카에 닿아 캘리포니아에서 금광을 캐 큰 부자가 된다. 수많은 금을 배에 싣고 노르웨이 고향으로 오는데, 바로 고국 땅을 눈앞에 두고 폭풍우를 만나 배는 부서지고 간신히 목숨만 건져 해안에 표류한다. 알거지가 되어 고향을 찾은 페르 귄트를 기다리고 있던 것은 이제 늙어 백발이 된 그의 약혼녀 솔베이그. 솔베이그의 무릎을 베고 변하지 않는 사랑을 노래하는 그녀의 노래를 들으며 페르 귄트는 조용히 죽음을 맞이한다.

'솔베이그의 노래'는 이 최후의 장면에서 솔베이그가 부르는 '사랑의 노래'이다. '겨울은 가고 봄이 온다. 봄도 가고 여름도 지나 세월은 흘러간다. 약속대로 나는 기다리고 그 사랑이 행복하기를 빈다. 만일 그이가 죽었다면 나도 천국에 가서 그이를 만나리라……'

이 이야기는 노르웨이의 문호 '헨리 입센'의 『페르 귄트』줄거리이다. 그리그는 이 연극을 위해 극음악 23곡을 작곡했다. 그리그는 이 극음악 중 8곡을 골라 각각 4곡씩 엮어 '페르 귄트' 제1모음곡과 제2모음곡으로 만들었다. '솔베이그의 노래'는 연주회용 관현악곡으로도 연주되고 또 메조나 소프라노의 노랫말을 곁들여 불러지기도 한다.

모음곡 제1번 중 제2번의 '에이즈의 죽음'도 '아다지오' 악장이다. 인생의 허무함을 이 곡처럼 절실히 느끼게 해주는 곡도 없을 것이다. 새로운 것을 찾아 평생을 헤매는 페르 귄트. 거기에 머리가 파 뿌리가 되도록 한 사람만을 기다려온 솔베이그가 존재한다. 서로 부둥켜안았지만, 세월은 흘러가고 죽음이 오고 만다. 그리움의 애절함을 하소연하는 듯한 이 곡은 허무를 되씹고 씹어 달콤한 기쁨으로 만들게 하는 명곡이다.

비제의 '아를르의 여인' 제1모음곡 중 제3번 아다지오도 인생의 덧없음을 표현하기는 매한가지이다. 이 곡은 단편 「마지막 수업」으로 유명한 프랑스의 문호 'A.도데(1840~1897)'의 연극에 음악을 붙인 것으로 27곡 중 4곡을 골라 제1모음곡으로 만들었다.

그중 제3곡인 아다지에토는 이 연극의 주인공은 아니지만 늙은 사내 종 바르타잘과 할머니가 된 루노가 젊은 날 서로 사모했으면서도 사랑을 고백 못 하고 헛되이 세월만 보낸 후 십수 년 만에 만나 재회의 인사를 나누고 서로 옛날에 가졌던 사모의 마음을 떠올리면서 다정하게 포옹을 하는 장면의 음악이다. 눈물이 핑 돌 만큼 아름다운 선율이 허무한 인생의 애절함을 소록소록 느끼게 한다.

'카르멘' 모음곡과 더불어 '아를르의 여인' 모음곡은 비제의 불후의 명곡으로 꼽히고 있다. '아를르의 여인' 모음곡은 제2모음곡도 있는데 이것은 비제의 친구가 편집한 4곡으로 되어 있다.

사랑을 음악으로

다음은 아내에 대한 사랑이 듬뿍 담겨 있는 바그너의 '지크프리드 목가'를 들어 보겠다. 바그너는 51세라는 늙은 나이에 작곡가 겸 연주자인 F. 리스트의 딸이며 유명 지휘자의 아내인 '코지마'를 만난다. 코지마는 그때 27세밖에 안 되었다. 두 사람은 처음 보자마자 걷잡을 수 없는 운명적 사랑에 빠지고 만다. 결혼에 실패하고 유부녀를 짝사랑했던 바그너의 카리스마에 코지마가 홀렸던 것 같다. 코지마는 착하디 착한 남편이며 유명 지휘자인 '한스 폰 빌로'를 헌신짝처럼 버리고 바그너에게로 간다. 결혼도 안 하고 그냥 함께 살아버린 것이다. 코지마는 두 딸을 낳은 후 1869년 바그너 나이 56세에 첫 아들 지크프리드를 낳는다.

1870년 크리스마스 날은 바로 코지마의 생일이었다. 이 날 아침, 코지마는 아들과 함께 깊이 잠들어 있었다. 창밖으로부터 조용한 세레나데 같은 음악이 들려와 잠을 깼다. 방문을 열자 계단에는 15명으로 구성된 작은 관현악단이 나란히 앉아 연주를 하고 그 앞에서는 바그너가 지휘를 하고 있었다. 이 곡이 바로 '지크프리드 목가'이다. 바그너는 너무도 사랑스러운 아내에게 바치기 위해 그동안 몰래 작곡을 했던 것이다. 그 당시 작곡하고 있던 4부작 중 세 번째 악극 '지크프리드'에서 몇 개의 멜로디를 따고 옛 독일 자장가에서 힌트를 얻어 작은 관현악 소품을 작곡한 것이다. 바그너의 가족들은 연주가들이 계단에 나란히 앉아 연주했다고 해서 '층계의 음악'이라고 불렀다고 한다.

각 2명씩 제1바이올린과 제2바이올린, 그리고 비올라. 각 1인의 플루트, 오보에, 2인의 클라리넷, 1인의 바순, 2인의 혼, 각 1인의 첼로와 베이스 등 모두 15명의 소규모 실내악단으로 편성되어 있다.

목가적 전원 분위기가 가득 차 있는 곡으로 듣고 있으면 잠이 오는 듯한 행복감에 사로잡히게 된다. 이때가 바그너에게는 최고의 행복한 날이었던 것 같다. 코지마와의 정식 결혼도 이루어지고, 바이에른 국왕으로부터 원조도 받아 안정된 생활을 꾸려나갈 수 있었기 때문이다.

운명적인 사랑을 성공적으로 이룩해낸 행복감의 극치가 바로 이 '지크프리드 목가' 속에 녹아 있는 것이다.

춤곡도 아다지오?

춤곡은 대개 빠른 템포의 곡이 많다. 춤곡에도 아다지오 곡이 있을까? 의아해하는 것도 무리는 아니다. 그러나 사교춤곡에도 블루스라는 느린 춤곡이 있지 않는가?

그러나 브람스, 드보르자크, 시벨리우스, 라벨의 춤곡은 '로맨틱 아다지오' 중에서도 둘째가라면 서러워 할만치 명곡 중의 명곡이다.

'브람스'의 헝가리 무곡 중 제4번을 들어보자. 참으로 묘한 느낌을 주는 곡이다. 처음 들어도 많이 들어본 듯한 친숙감이 든다. 그러면서도 자꾸 듣고 싶은 애잔한 슬픔으로 가슴속을 후벼 판다. 브람스는 헝가리 민요와 집시음악 그리고 춤곡 등을 연주여행을 채보하여 피아노 연탄용으로 모두 21곡의 헝가리 무곡을 내놓는다. 이름이 헝가리 무곡이라 해도 실제로는 '집시 무곡'이다. 흥겨우면서도 애잔한 슬픔이 배어 있어 최근에는 관현악곡으로 더 많이 연주되고 있다.

'드보르자크'의 '슬라브 무곡 작품 72'의 제2번은 매력적인 '아다지오' 곡으로 만들어져 인기를 끌고 있다. 그는 32세 때인 1873년 오스트리아 정부가 실시하고 있던 장학금 제도에 응모, 장학금을 타게 된다. 이때 심사위원 중 한 사람이었던 브람스는 드보르자크에게 관심을 가지고 슬라브 민족의 무곡

집을 내도록 권유한다. 이에 힘입어 내어놓은 것이 모두 2집으로(제1집 작품 46, 제2집 작품 76) 되어 있는 슬라브 무곡집이다. 8곡씩 모두 16곡으로 되어있는 슬라브 무곡 중 10번째인 작품 76의 제2번은 그 중에서도 가장 서정적이라 유명하다. 우크라이나 지방 무곡 톰카에 의한 8분의 3박자 곡으로 감상적인 선율이 인상적이다.

명 바이올리니스트 '크라이슬러'는 이 곡을 바이올린 독주용으로 편곡하여 더욱 유명하게 만들었다. 다음은 시벨리우스의 '슬픈 왈츠'이다. 왈츠가 아다지오로 되겠는가 싶겠지만 시벨리우스는 아다지오의 느린 듯한 속도로 표제 음악 '슬픈 왈츠'를 멋지게 만들어냈다. 중병을 앓고 있는 여성이 잠들어 있는데 멀리서 희미한 빛과 더불어 음악이 들려온다. 차츰 가까워져 그것이 왈츠라는 것을 알게 되자 여성은 눈을 뜨고 자리에서 일어난다. 그녀는 자신의 얼굴을 똑바로 들어 보이려고 하지만 손님들은 왠지 마주 보기를 피한다. 마침내 그녀는 지쳐 쓰러진다. 다시 힘을 내어 일어나서는 미친 듯 춤을 추며 돌아간다. 이 괴이한 무도회가 최고조에 이르렀을 무렵, 돌연 문 두드리는 소리가 나자 손님들은 연기처럼 사라지고 음악도 멈추고 만다. 바로 문 앞에는 죽음의 그림자가 서 있다. 이런 정경을 그린 것이 바로 '슬픈 왈츠'이다.

이 신비스런 관현악 소품은 〈죽음〉이란 연극에 부친 음악으로 지금은 이 곡만이 독립적으로 유명해져 있다. 라벨의 '죽은 왕녀를 위한 파반느' 역시 신비스런 분위기를 연출해내는 '아다지오' 춤곡이다. 파반느란 16~17세기에 스페인에서 유행한 춤곡으로 교회 장례식 때 관 주위에서 장중한 춤이 벌어진다는 이야기를 듣고 라벨은 루브르 미술관에서 '벨라스케스'가 그린 '젊은 왕녀의 초상화'를 본 것을 계기로 이 곡을 작곡했다고 한다. 죽은 왕녀를 애도하는 장중한 엘레지가 느껴진다. 라벨이 23세 때 작곡했는데 처음에는 피아노곡이었지만 지금은 라벨 자신이 편곡한 관현악곡이 더 즐겨 연주된다. 고전 형식에 새로운 감정을 불어넣은 방식이 라벨답다고 하겠다.

두 곡의 명 보칼리즈

'보칼리즈'란 말은 모음만으로 부르는 창법을 가리킨다. 그리고 또 이 창법으로 작곡된 곡 자체도 이름이다. 소리가 가사를 노래하기 위한 것이 아니라 음향적 수단으로 곡 만들기에 이용되어 악기가 아닌 사람의 목소리가 악기 구실까지 하는 것이다.

명 피아니스트 겸 작곡가인 '라흐마니노프'는 명 피아노 협주곡과 피아노 독주곡을 작곡했는데 요즘 이 소품인 '보칼리즈'가 너무 유명해져서 목소리 없이 각 악기별 편곡으로 연주되고 있다. 광활한 러시아적 정서가 은은히 느껴지면서 현대적 감각의 에로틱한 명 선율은 오래오래 기억된다. 또 하나는 '빌라 로보스(1887~1959)'의 '브라질풍의 바흐 제5번 아리아'이다. 이 곡은 라흐마니노프에 비하면 사뭇 이국적인 맛이 특징이라고 할 수 있다. 브라질 가난한 집에서 태어난 빌라 로보스는 어려서부터 대중적인 거리의 음악을 즐겼다. 그는 음악가를 꿈꾸며 독학으로 작곡을 배웠으며 경음악단에서 연주생활로 생계를 꾸려갔다. 또 브라질 오지의 인디오 음악에도 관심을 갖고 연주를 했다. 그는 1922년 파리로 건너가 새로운 음악에 접하면서 드뷔시, 라벨 등의 영향을 받았으나 '남의 음악을 흉내 내기보다 가난해도 자신의 음악을 쓰는 게 더 낫다'고 생각해 브라질로 되돌아왔다. 그는 민속음악에 흥미를 가지면서 대지에 뿌리박은 대중의 노래야말로 진실의 표현이라고 주장했다. 또 요한 제바스티안 바흐(1685~1750)에 깊은 관심을 갖고 '브라질풍의 바흐' 전 9곡을 작곡했다. 그는 바흐적인 분위기와 브라질 민속음악의 원색성의 개성적 통합을 꾀했다.

9곡 중 제5번의 아리아는 소프라노 허밍이 들어 있어 대중적인 인기를 끌고 있다. 많은 소프라노들이 이 곡을 즐겨 녹음했다. 그중에서도 가장 인상적인 것은 '캐서린 베틀'의 데뷔 초

창기, 구슬이 굴러가는 듯 영롱한 목소리의 연주라고 기억된다.

환상곡도 한 몫

본 윌리엄스는 옛 노랫가락을 교묘히 활용하여 대중적 명곡을 만들었다. 바로 '푸른 옷소매의 환상곡'이다. 이 선율은 영국의 엘리자베스 시대로부터 알려졌던 것으로 본래 제목은 'The Balade of my lady Green Sleeves'로 되어 있다. 원래 금광을 찾아다니는 사람들 사이에서 생긴 것으로 당시에는 춤곡으로 사용되었다. 셰익스피어도 이 선율에 대해『윈저의 명랑한 아낙네』속에서 언급하고 있다. 또 한편으로는 푸른 옷소매를 입은 여자는 자유분방한 바람기 있는 여인으로 알려져 이 옛 노랫가락이 희화적인 성격을 띠고 있음을 암시해준다. 그러나 하트와 플루트가 어우러지는 현악 오케스트라는 신선하고 녹음이 짙은 푸른 하늘을 연상케 하는 시원한 환상곡으로 인상 깊게 만든다. 본래 이 곡은 본 윌리엄스가 1928년에 '사랑에 빠진 존 경(Sir John)'이라는 4막짜리 오페라의 간주곡으로 작곡했는데 1934년 독립시켜 환상곡으로 고쳐 써서 발표 후 '본 윌리엄스'의 대표적 인기곡으로 꼽히고 있다.

'로맨틱 아다지오'를 이야기하면서 프란츠 슈베르트(1797~1828)의 음악을 빼놓을 수 없다. 슈베르트는 작곡 방식에 있어 고전주의 방식을 굳게 지켰지만 그의 악상을 어느덧 로맨티시즘으로 경계를 넘어 흘끔거리기 시작한 것이다. 특히 그의 가곡에 대한 작곡 기법인 고전주의 양식의 틀을 깨고 새로운 슈베르트 방식을 만들어냈다. 세 사람의 대화를 한 가곡에 넣은 '마왕' 같은 곡이 바로 그 좋은 본보기가 된다. 슈베르트는 〈키프로스의 여왕 로자문데〉라는 연극에 극음악을 작곡했다. 연극 자체는 대본의 졸작으로 잊히고 말았지만 거기에 붙인 슈베르트의 음악은 지금도 남아 관현악 모음곡으로 자주 연주된다. '로자문데' 모음곡은 11곡 중에서 서곡, 간주곡, 무용곡 1번, 무용곡 2번, 모두 4곡으로 되어 있는데 아다지오 악장은 간주곡이다.

처음 듣는 이에게도 친숙한 느낌을 주는 이 선율은 슈베르트 자신도 너무나 소중히 여겼는지 현악4중주 제13번 제2악장과 피아노 즉흥곡 작품 142의 3에도 옮겨 사용했다. 그래서 현악4중주 제13번은 '로자문데' 4중주곡이라는 별명도 듣고 있다. 원곡인 관현악곡 외에 현악4중주, 피아노 독주곡 등 세 종류의 형태로 이 선율을 들을 수가 있게 되었다. 슬픔을 달콤한 추억으로, 허무한 세월 속의 인생살이를 보여주면서 희로애락을 엿보게 하는 로맨틱 아다지오는 우리의 가슴속이 로맨티시즘을 잊지 않는 한, 명 선율을 저 높은 상상의 나래로 날려 보낼 것이다.

〈다섯째 마당 아다지오의 추천 CD〉

그리그 모음곡 '페르 귄트' 중 '솔베이그의 노래'

야르비(지휘), 괴텐브르그 심포니 오케스트라 [DG 437523-2]

비첨(지휘), 로열 필하모니 오케스트라 [EMI 5669142]

비제 모음곡 '아를르의 여인'

정명훈(지휘), 바스티유 오케스트라 [DG 431778-2]

플라송(지휘), 투르즈시 오케스트라 [EMI 7474602]

바그너 '지크프리드 목가'

블레즈(지휘), 뉴욕필하모니 오케스트라 [SONY 64108]

카라얀(지휘), 빈필하모니 오케스트라 [DG 423613-2]

브람스 '헝가리 무곡'

아바도(지휘), 빈필하모니 오케스트라 [DG 410615-2]

올만디(지휘), 필라델피아 오케스트라 [SONY 46534]

드보르자크 '슬라브 무곡'

도라티(지휘), 로열필하모닉 오케스트라 [DECCA 411749-2]

쿠베릭(지휘), 바이에른심포니 오케스트라 [DG 457712-2]

시벨리우스 '슬픈 왈츠'

얀손스(지휘), 오슬로 필하모니 오케스트라 [EMI 75445042]

카라얀(지휘), 베를린 필하모니 오케스트라 [DG 413755-2]

라벨 '죽은 왕녀를 위한 파반느'

아바도(지휘), 런던심포니 오케스트라 [DG 415972-2]

번스타인(지휘), 뉴욕필하모니 오케스트라 [SONY 47545]

라흐마니노프 '보칼리즈'

프레빈(지휘), 런던심포니 오케스트라 [EMI 5669822]

라흐마니노프(지휘), 필라델피아 오케스트라 [BMG 09026-62532-2]

빌라 로보스 '브라질풍의 바흐 5번 아리아'

틸손-토마스(지휘), 르네 프레밍(s) 뉴월드 심포니 [BMG 09026-685382]

빌라 로보스(지휘), 프랑스 국립방송 관현악단 [EMI 5609122]

본 윌리엄스 '푸른 옷소매 환상곡'

스텔컨(지휘), 필함니아 오케스트라 [BMG 09026611942]

오르페우스 실내 관현악단 [DG 4455612]

슈베르트 모음곡 '로자문데'

아바도(지휘), 유럽심포니 오케스트라 [DG 431655-2]

레바인(지휘), 시카고심포니 오케스트라 [DG 415137-2]

소나타 가족, 가장의 서정

교향곡의 '아다지오'

교향곡은 소나타로 이루어진 몇 개의 가족을 함께 거느린 웃어른, 즉 가장이라고 할 수 있다. 이 웃어른인 가장은 4개의 악장으로 이루어진 교향곡이란 형식의 첫 번째 악장에서 '알레그로'를 선택한다. 작곡가의 주제를 뚜렷하게 청중들에게 인식시키고자 하기 때문이다. 처음부터 느리게 나오면 졸음밖에 더 올까.

그러나 위엄 있게 보이기 위해서는 제1악장 첫마디에는 천천히 '아다지오'로 시작했다가 '알레그로'로 변해가기도 한다.

첫인사로 '에헴' 하고 큰기침하면서 위엄 있게 보이려고 하는 제스처이기도 하다. 그러나 곧 첫마디의 '아다지오'는 알레그로로 변해 제1주제, 제2주제를 쏟아부으면서 자신의 의도를 듣는 이에게 주입시킨다. 제시부-전개부-재현부-종결부, 다시 말해 기승전결로 하나의 '소나타 형식'을 매듭짓는다.

빠르게 집중적으로 주제를 하나도 아니고 두 개 이상 들려주었는데 이어서 서둘러 또 빠르게 넘어갈 수는 없지 않은가? 계속 빠르게만 서두르면 숨이 차서 어떻게 합니까, 그래서 느린 '아다지오' 악장이 필요하게 되는 것이다. 주입시킨 주제에 대해서 주위를 살피며 한숨 돌리는 시간이 필요한 것이다.

사람의 인생살이도 마찬가지 아닐까? 숨 가쁘게 달려 나가다 쉴 때가 있어야지 마냥 빨리 달리기만 하면 어떻게 될까? 숨이 가빠서 아마 쓰러지고 말 것이다. 교향곡도 마찬가지이다. 제1악장이 알레그로로 빠르게 진행되었으니 제2악장은 차분히 숨을 돌리며 쉬면서 달콤한 명상에 잠기든가, 옛날의 추억을 생각하든가 아니면 내일에 대한 희망의 꿈을 달콤하게 꿔보는 대목이다.

그래서 4악장으로 된 교향곡에서 제2악장은 안단테, 아다지오, 라르고 등 느린 악장으로 꾸며지게 되는 것이다. 4악장으로 꾸며지는 교향곡의 틀은 아버지뻘인 하이든, 아들 격인 모차르트, 손자가 되는 베토벤에서 완성되었다. 이들을 '빈 학

파의 3대 거장'이라고 하며 이 4악장 교향곡을 고전파 교향곡이라고 부른다.

고전파에 반기를 든 낭만파 시대에 오면 이 4악장의 틀은 깨지고 2개의 악장, 또는 단일 악장으로 교향곡을 작곡하기도 한다. 그러나 교향곡의 기본 틀은 4악장인 고전파 교향곡이 '절대음악'이란 칭호까지 들어가면서 교향곡의 오리지널 형식이 된다.

하이든의 기지와 여유

교향곡을 감상한다고 하면 우선 교향곡이라는 위엄에 먼저 질리기 쉽다. 그것은 모든 악기가 동원되고 연주 시간이 만만치 않기 때문인 것 같다. 마치 옷깃을 여미고 자세를 바로 해야 하듯 그 거대한 위세에 질리기 일쑤이다. 그러나 교향곡만큼, 그 작곡가의 모든 것을 드러나게 하는 곡은 아마 달리 없을 것이다. 작곡가의 삶에 대한 철학, 기쁨, 슬픔, 애환, 그리고 농담까지를 느낄 수 있기 때문이다.

교향곡의 아버지라고 불리는 하이든은 상냥하고 너그러우며 농담도 즐기는 낙천적인 사람이었다고 한다. 그가 교향곡의 아버지가 된 것은 4악장의 교향곡 틀을 처음으로 만들었기 때문이다. 궁정음악, 교회음악을 벗어나지 못했던 그 당시 주위 환경에 하이든이 교향곡이라는 20~30명 이상의 연주가가 필요한 곡을 만들 수 있었던 것은 하이든을 후원한 귀족이 자금 지원을 아끼지 않았고, 악단을 이끌 수 있는 장소를 제공했기 때문이다.

하이든 자신도 이들 후원자 귀족에게 자신의 고집만을 피웠다든가 또는 타협할 줄 몰랐다면 작곡가로서의 행운도 찾아오지 않았을 것이다. 하이든은 이런 안정된 환경에서 104곡이라는 엄청난 숫자의 교향곡을 작곡했으며 4악장으로 된 현악4중주의 틀도 만들었다. 교향곡의 '아다지오' 악장은 그래서 하이든부터 시작하지 않을 수 없다. 하이든 교향곡 제45번 '고별'은 참으로 재미있는 일화를 지니고 있을 뿐 아니라 하이든의 재치와 유머를 쉽게 알 수 있는 곡이다. 1772년 여름의 일이다. 후원자 '에스테르하지' 공은 매년 여름이면 경치 좋은 호숫가 별장 궁정으로 하이든과 악단원들을 이끌고 피서를 떠났다. 별장 궁정이라 거처가 비좁아 악단원들의 가족은 데리고 갈 수 없어서 처자와 떨어진 악사들은 가족들이 보고 싶어 안달이 날 지경이다. 그러나 에스테르하지 공은 그곳이 좋아 피서 철이 끝났는데도 본궁으로 돌아갈 생각을 안 한다. 하이든은 악사들의 간곡한 생각을 음악으로 공작에게 알리기 위해 새로운 교향곡을 지어 들려주기로 했다. 드디어 연주회의 밤이 왔다. 18세기에는 연주회 때 악보대에 촛불을 켜

놓고 연주를 했다. 음악을 좋아하는 공작은 하이든이 어떤 곡을 작곡했는지 궁금해하며 연주회장에 자리를 잡았다.

교향곡이 시작되자 하이든의 독특한 서주에 이은 경쾌한 제1악장, 느긋하고 조용한 제2악장, 그리고 밝고 우아한 미뉴에트의 제3악장으로 진행되었다. 마침내 최후의 제4악장에 이르자 하이든의 특이한 경쾌한 음악이 들려야 할 텐데 차츰 느려지면서 슬픈 곡조를 내기 시작한다. 더구나 악사인 제1오보에와 제2혼이 악보를 닫고 촛불을 끄고는 악기를 들고 무대에서 사라지는 것이다. 공작을 비롯하여 거기 있던 청중들은 놀라지 않을 수 없었다. 거기다 악사들의 표정은 어딘지 슬픈 모습이 아닌가. 다음에는 바순 연주자가 같은 동작으로 사라지고 이어서 콘트라베이스, 첼로, 바이올린, 비올라가 사라진다. 최후로 제1바이올린을 연주하던 하이든과 부악장만이 남았다가 조용히 연주를 끝마치고 촛불을 끄고는 무대를 내려가는 것이다. 도대체 이런 괴상한 풍경이 어디 있을까, 모두 다 놀란 나머지 박수치는 것도 잊었다고 한다. 그러나 현명한 공작은 이 음악회의 의미를 이내 알아차리고 다음날 즉시 전원 휴가를 주어 가족에게 돌아가게 했다고 한다. 이것이 바로 '고별' 교향곡으로 하이든의 전기 교향곡 중 걸작으로 꼽힌다.

다음 하이든의 후기 교향곡 중 제101번 '시계' 교향곡이 있다. 이 교향곡 '시계'의 제2악장 안단테는 스타카토에 의해 연주되는 규칙적인 리듬의 반주부가 마치 시계의 추를 연상시킨다고 하여 '시계'라는 별명이 붙여졌다. 참으로 재미있고 신신한 느낌을 준다. 하이든의 재치와 유머를 음악을 통해 속속들이 알 수 있다. 하이든의 교향곡 중에는 별난 애칭이 붙어있는 것들이 많다. 교향곡 '아침' '낮' '저녁' '혼 신호' '슬픔' '고별' '마리아 테레지아' '수난' '사냥' '왕비' '제국' '옥스퍼드' '놀라움' '기적' '군대' '시계' '큰북연타' '런던' 등이 있는가 하면 '곰' '암탉' '교장 선생님' '철학자' '화제' '멍청이' 등 익살스러운 것도 있다.

이런 애칭은 물론 하이든 자신이 아니라 청중들의 입을 통해 지어졌지만 하이든 자신도 음악작곡 그 자체를 장난기 어린 즐거움으로 삼았던 것 같다. 하이든은 제4악장 교향곡의 틀을, 제3악장에는 미뉴에트를 반드시 넣도록 짰다. 이 고전파 접대음악 교향곡 형식은 모차르트와 베토벤의 초기 작품까지 이어진다.

모차르트의 자유선언

'모차르트'는 25세 때 고용주인 잘츠부르크 대주교 '콜로레도'에게 사표를 내던지고 혈혈단신 빈으로 나온다. 1781년

3월의 일이다. 그동안 모차르트는 자신의 음악을 이해하지 못하는 대주교와 극도로 불편한 관계에 있었을 뿐 아니라 대주교 시종의 발길에 채는 수모까지 당했다. 대중의 뜻을 어찌 참새가 알까 하는 심산이었을 것이다. 그동안 작곡가들은 봉급을 주는 귀족이나 성당의 대주교 밑에서 눈치를 보면서 후원자 마음에 드는 음악을 작곡하지 않을 수 없었던 것이다. 마침내 예술가 기질이 강한 모차르트는 작곡 활동에 있어 자유를 선언한 것이다.

이제 모차르트는 작곡만으로 생계를 유지하며 살림을 꾸려 나가지 않으면 안 되게 되었다. 모차르트의 위대성은 바로 여기에 있다고 보인다. 그렇지만 모차르트는 누구의 구애나 속박 없이 자신이 하고 싶은 대로 마음껏 작곡을 하고 또 그것을 발표할 수 있게 된 것이다. 하이든과 비교할 때 하이든은 이런 면에서 행운아였고, 모차르트는 불운했다는 생각이 든다.

여하튼 모차르트는 살림이 어려웠지만 작곡가로서 독립을 선언하고 많은 걸작을 남기게 된다. 모차르트의 후기 교향곡도 이런 '자유 선언'의 정신 아래서 태어나 오늘날의 걸작이란 찬사를 듣게 된 것이다. 교향곡 재36번 '린츠'는 진정한 의미의 첫 심포니라 할 수 있다. 제35번 하프너부터 빈 심포니에 넣지만 '하프너' 세레나데를 전용한 것이기 때문이다.

모차르트는 1783년, 빈에서 독립한 지 3년째 되는 해 아내

'콘스탄체'와 함께 잘츠부르크의 아버지를 방문한다. 콘스탄체와의 결혼을 반대하던 아버지의 뜻을 어겨 결혼을 강행한 데 대한 사죄를 올리고 싶었기 때문이다. 그러나 아버지의 반응은 여전히 냉담하기 그지없었다. 기분이 상한 모차르트와 콘스탄체는 다시는 잘츠부르크를 찾지 않겠다고 다짐하며 빈으로 향했다. 이들은 도중에 린츠에서 툰 백작의 초청을 받아 며칠 쉬게 된다. 백작은 모차르트에게 새로운 교향곡을 청탁한다. 불과 4일 만에 교향곡 '린츠'가 탄생한 것이다. '린츠'에서 작곡했기 때문에 '린츠'라는 이름이 붙었지 사실 '린츠'와는 아무 상관이 없다.

모차르트는 하이든의 교향곡에 깊은 영향을 받아 작곡을 하는데 악상은 보다 자유분방하고 악기 편성은 확대되었지만 하이든의 교향곡 틀을 그대로 받아 충실하게 그 형식을 이어 나간다. 하이든처럼 이 교향곡에서도 유연한 아다지오 서주로 제1악장을 시작했다가 알레그로로 바뀐다. 제2악장은 포코 '아다지오'로 현악기가 중심이 되어 제1,2주제를 내놓는다. 내성적인 선율이 이어지는 아주 아름다운 악장이다. 아버지의 품에서 이제는 완전히 벗어난 뚜렷한 독립성과 자립에 대한 자신이 엿보인다.

모차르트의 교향곡 중 '아다지오'의 악장의 최고 걸작은 최후의 교향곡 제41번 '주피터'의 제2악장이다. '주피터'란 별칭은 이 교향곡이 장대한 구성미를 돋보이게 한다. 악기 편성도 당시로서는 비교적 큰 편에 속하게 팀파니와 2대의 트럼펫까지 넣었다. '안단테 칸타빌레'인 제2악장은 소나타 형식으로 약음기를 단 현악기들이 조용하게 울리면서 이탈리아풍의 가요적인 선율을 노래한다. 그 평화롭고 서정적인 분위기는 더없이 아름답다.

모차르트는 제3악장에서는 하이든과 같이 미뉴에트를 넣었다. 단 한 곡 교향곡 제38번 '프라하'에서만은 미뉴에트를 빼고 3악장만으로 구성했다. 모차르트의 창작 의욕이 첫 반기를 든 것이라고 볼 수 있다.

베토벤의 교향곡 완성

'베토벤'에 이르러 교향곡의 틀은 드디어 완전한 형식으로 완성된다. 베토벤의 9개의 교향곡을 들은 많은 청중들이 교향곡은 베토벤에 이르러 완전히 완성되어 끝났다고까지 말한다. 더 이상 교향곡으로 그 형식에 있어 추구할 것이 없다는 뜻이다. 그러나 이 말은 절대음악으로서의 교향곡을 나타낸 것으로 그 이후에도 교향곡이란 이름을 붙인 많은 다른 모습의 걸작이 나왔다. 다만 빈 고전파 형식은 끝났다고 보는 게 마땅하지 않을까 생각된다.

베토벤은 교향곡을 작곡하면서 하이든과 모차르트의 형식을 절대적으로 발전시켰다. 다만 제3악장의 미뉴에트를 스케르초로 바꾼 것은 베토벤의 독창성이다. 베토벤 교향곡 중 가장 아름다운 '아다지오' 악장은 참으로 많다. 거의 모두가 걸작 중에서도 뛰어난 걸작이다. 특히 그 중 교향곡 제4번 제2악장의 '아다지오', 제6번 '전원'의 안단테 몰토 모쏘, 제7번의 알레그레토, 그리고 제3번 '영웅'의 라르게토는 느린 악장의 표준이 된다고 생각하지 않을 수 없다. 교향곡 제4번 제2악장 '아다지오'는 가장 서정미 넘치는 아름다운 선율이다. 선율뿐 아니라 특유의 환상적인 풍부한 화성도 들을 수 있다. 슈만은 이 제3번 '영웅'과 제5번 '운명'이 거인이라면 제4번 교향곡은 두 거인 사이에 끼어 있는 아름다운 그리스 아가씨라고 표현했다.

교향곡 제3번 '영웅'의 제2악장 라르게토는 '장송행진곡'이다. 그러나 이상하게도 비장한 슬픔 속에서도 내일을 다짐하는 용기를 준다. 절망을 딛고 일어서는 베토벤의 처절한 모습을 보는 듯하다.

제6번 '전원'의 제2악장은 '시냇가에서'란 설명이 붙어 있다. 물소리, 새소리, 자연 환경에 이보다 더 친화적인 곡은 없을 것이다. 자연을 벗하자고 백 번 말하기보다, 곡을 한 번 듣는 것이 더 효과적이 아닐까 생각된다.

또 교향곡 제7번 제2악장은 알레그레토로 엄밀히 따지자면 이 교향곡에는 느린 악장이 없다고 할 수 있다. 그러나 제2악장의 멜로디는 애조 어린 곡으로 매력적이다. 알레그레토지만 '아다지오'의 범주에 넣지 않을 수 없다. 한 번만 들어도 반하고 말 것 같은 신비한 매력을 지니고 있다.

그 밖의 소문난 교향곡의 '아다지오'는 3대 빈 고전학파의 작품들 이외에 같은 시대에 살았으면서도 살아생전에는 빛을 보지 못했던 슈베르트의 교향곡을 빠뜨릴 수 없다. 너무도 잘 알려진 슈베르트의 교향곡 제8번 '미완성'은 그 풍부하고 오묘한 멜로디와 화음으로 오늘날에도 즐겨듣는 명곡이다. 제1,2악장 두 개의 악장밖에 없기 때문에 '미완성'이란 별명이 붙은 것이지만 이 곡을 들으면 더 이상 들을 필요가 없을 정도로 구성과 마무리가 완벽하게 되어있다. 슈베르트 자신이 제3악장 스케르초의 9마디 정도의 오케스트레이션을 남겼다고 하지만 어떠한 스케르초를 덧붙여 보았자 오히려 길기만 했지 아무런 효율성을 보지 못할 것이 뻔하기 때문이다.

제1악장은 알레그로 모데라토, 제2악장은 안단테 콘 모토로 속도 표기를 하여 제1악장은 빠르게 그리고 제2악장은 느린 악장으로 분명히 구별해놓았지만 실제 음악을 들으면 그 속도의 구별을 느끼기가 어렵다. 그러나 제2악장에서 순수미의 선율과 목가적인 애상이 묘한 화음을 이루어 가슴에 품듯 따뜻한 환상을 느끼게 된다. 여기서부터 슈베르트는 로맨티시즘으로 한발 앞서서 나가기 시작하는 것이다.

또 한 사람 '멘델스존'의 교향곡 제4번 '이탈리아'도 꼽아야겠다. 이 곡은 멘델스존이 이탈리아를 여행하고 그 인상을 음악으로 옮긴 것인데 안단테 콘 모토로 된 제2악장은 듣는 이로 하여금 즐겁고 기분 좋게 만드는 최고의 음악이라고 할 수 있다. 너무 느리지도 않은 이 악장은 기쁨을 선물하는 최고의 치료제 역할도 한다.

마지막으로 '드보르자크'의 교향곡 제9번 '신세계에서'의 제2악장은 '아다지오' 악장의 최고 절정을 이룬다. 라르고의 느린 이 악장은 잉글리시 혼이 애수 어린 소리로 꿈속의 고향을 노래한다. 이 향수에 젖어들게 하는 묘한 선율은 신비롭기 짝이 없어 이 선율만을 가지고 독창곡, 합창곡까지 편곡하여 유행시켰다.

교향곡의 '아다지오' 악장은 제1악장에 뒤이어 바로 느긋한 느린 악장이 반드시 와야 하는 정해진 위치의 '아다지오'이다. 이것은 누구도 어쩌지 못하는 절대음악에서 다시 말해 빈 악파의 고전주의 교향곡 테두리에서 숙명적으로 기정사실화된 형식주의적 악장인 것이다.

절대음악의 정통성을 추구했던 이들의 '아다지오'에서 우

리는 여유와 휴식을 느끼고 내일의 비상을 새롭게 가다듬을
수 있기를 기대한다.

〈여섯째 마당 아다지오의 추천 CD〉

하이든 교향곡 제45번 '고별'

피노크(지휘), 잉글리시 콘서트 [ARV 447281-2]

마크시미우크(지휘), 폴란드 실내 오케스트라 [EMI 5697672]

하이든 교향곡 제101번 '시계'

아르농쿠르(지휘), 로얄콘체르게보 오케스트라 [TELDEC
22924352]

쿠이켄(지휘), 라프티트밴드 [DHM 0547277351-2]

모차르트 교향곡 제36번 '린츠'

카라얀(지휘), 베를린 필 오케스트라 [EMI 55722682]

뵘(지휘), 베를린 필 오케스트라 [DG 447416-2]

모차르트 교향곡 제41번 '주피터'

번스타인(지휘), 빈 필 오케스트라 [DG 415305-2]

줄리니(지휘), 베를린 필 오케스트라 [SONY 47264]

베토벤 교향곡 제4번

가디너(지휘), O·R & R [ARV 447050-2]

아바도(지휘), 빈 필 오케스트라 [DG 427301-2]

베토벤 교향곡 제3번

푸르트뱅글러(지휘), 빈 필 오케스트라 [EMI 5674902]

카라얀(지휘), 베를린 필 오케스트라 [DG 439002-2]

베토벤 교향곡 제6번

발터(지휘), 콜롬비아 심포니 오케스트라 [SONY 64462]

번스타인(지휘), 빈 필 오케스트라 [DG 413779-2]

베토벤 교향곡 제7번

클라이버(지휘), 빈 필 오케스트라 [DG 447400-2]

번스타인(지휘), 뉴욕 필 오케스트라 [SONY 47515]

슈베르트 교향곡 제8번 '미완성'

시노폴리(지휘), 필하모니아 오케스트라 [DG 410862-2]

클라이버(지휘), 빈 필 오케스트라 [DG 449745-2]

멘델스존 교향곡 제4번 '이탈리아'

시노폴리(지휘), 필하모니아 오케스트라 [DG 410862-2]

클렘페러(지휘), 필하모니아 오케스트라 [EMI 638532]

드보르자크 교향곡 제9번 '신데렐라'

솔티(지휘), 시카고 심포니 오케스트라 [DECCA 410116-2]

카라얀(지휘), 빈 필 오케스트라 [DG 415509-2]

여름을 부르는 '아다지오'

무더위, 바다 그리고 여름밤의 유혹

무더위가 기승을 부리고 있다. 가만히 앉아 있어도 등줄기에서 땀이 흐른다. 비가 올 듯 올 듯 후덥지근한 날에는 더욱 더위를 참기가 힘들다. 햇볕이 쨍쨍 내려쪼이는 한낮, 땅에서는 신음하는 듯 땀 냄새를 뭉클뭉클 토해내고 있다. 그러나 숲 속에는 그늘이 지고 서늘한 바람이 귓가를 간질인다. 불볕더위는 맑은 정신을 몽롱하게 만들고 꿈속에 빠지게 한다. 한낮의 낮잠……. 더위를 피해 눈꺼풀이 내려앉고 우리는 낮잠에 빠진다. 여름을 부르는 '아다지오', 여름날에 듣고 싶은 '아다지오'를 들으며 달콤한 유혹에 잠겨보자.

프랑스의 인상주의 음악가 드뷔시의 '목신의 오후의 전주곡'은 바로 무더위와 오수에서 유혹을 가장 문학적으로 표현한 인상주의 음악의 걸작이다.

목신의 오후

머리와 몸은 사람이고 허리부터는 짐승인 목신이 양 떼를 이끌며 피리를 불고 춤을 춘다. 때는 무더운 여름날 오후, 그 목신이 수풀이 우거진 시실리 해변의 그늘에서 잠을 자다가 게슴츠레 눈을 떠본다. 어제 오후, 하얀 몸에 금발을 한 귀여운 물의 요정들과 만났던 일이 생각난다. 물의 요정들은 샘가에서 목욕을 하고 있었다. 그러나 그것이 현실인지 환상인지 분간할 수가 없다. 어쩌면 목욕을 하고 있던 것이 백조들인지도 모르겠다. 그러나 여하튼 물의 요정인 것만은 틀림없는 것 같기도 하다. 이처럼 목신은 숲 그늘에서 뒹굴며 멍하니 회상에 잠기고 있다. 목신은 또 사랑의 여신 비너스를 껴안는 환상에 잠기기도 한다. 여름날 달콤한 낮잠에서의 환상, 이 꿈은 목신의 목말라하는 욕망의 꿈이기도 하다. 목신은 더위와 피로에 지쳐 한낮의 뜨거운 모래 위에서 쓰러져 드디어 깊은 잠에 빠진다.

'아름다운 두 여인이여 안녕' 사라지는 그림자를 보고 싶노라. 프랑스의 상징 시인 '스테판 말라르메(1842~1898)'의 「목신의 오후」라는 시의 줄거리이다. 드뷔시는 이 말라르메의 시를 읽고 회화적으로 작곡했다고 한다. 드뷔시의 음악은 처음부터 목신을 나타내는 플루트 소리가 가느다랗게 울려 나오며 이상한 분위기를 만든다. 거기다 하프 소리마저 어울려 꿈인지 생시인지 분간하기 어려운 환상의 세계로 빠져들게 한다. 더위에 지쳐 쓰러진 나른함의 낮잠. 그 속에서 이루어질 수 없는 욕망이 꿈틀댄다. 우리도 여름날 싱그러운 숲 속 그늘에서 이런 꿈을 한번쯤 꾸어보면 어떨까.

드뷔시는 처음 이 곡을 전주곡, 간주곡 및 종곡으로 계획, 시의 낭독, 무용, 그리고 음악이라고 하는 무대용으로 구성했던 모양이다. 살롱문화가 한창 꽃피고 있던 그 당시 살롱문화의 한 주역이었던 드뷔시는 이런 종합적 예술, 즉 시와 무용과 음악이 한데 어울릴 수 있는 작품을 구상했던 것은 당연한 일이다. 그러나 전주곡이 완성되었을 때 이어 나올 간주곡과 종곡은 필요 없게 되고 말았다. 전주곡 한 곡으로 완전히 '말라르메'의 시 「목신의 오후」 전체를 완성시키고도 남음이 있었다. '전주곡' 그 자체가 완성된 작은 우주였기 때문이다. 그래서 '목신의 오후에의 전주곡'이라는 이름이 붙었고, 전주곡만으로도 완성된 음악을 나타낼 수 있었다. 곡을 왜 이렇게 세세하게 설명했느냐 하면, 바로 이 곡으로부터 '현대 음악'이 싹 텄기 때문이다. 상징주의 현대 시가 보들레르의 시에서 비롯되었듯이, 이 곡에서 현대 음악이 비롯되었기 때문이다. 연주 시간은 10분밖에 안 되지만, 이 곡은 과거의 형식적 틀을 깨 버리고 시 정신을 음악에 수용하여 녹여낸 명곡임이 틀림없다. 들으면 들을수록 빨려 들어가는 듯한 묘한 감동을 느끼게 된다.

여름에 바쳐진 '아다지오'들

여름을 노래 제목으로 붙여서 여름날의 분위기를 나타낸 곡으로는 아르투르 오네게르(1892~1955)의 '여름의 목가', 딜리어스의 '여름의 정원에서' '시냇가의 여름밤', 조지 거슈인의 '서머 타임' 등이 유명하다. 오네게르의 '여름의 목가'는 프랑스 시인 '랭보'의 유명한 시 구절 '나는 여름에 새벽을 안았다'에서 영감을 받아 스위스 전원 풍경을 그리며 작곡한 것이다. 타악기가 없는 관현악으로 단순명료하며, 여름날 새벽녘의 신선하면서도 나른한 기분을 조용히 표현하고 있다.

이 곡으로 '오네게르'는 조국 스위스에서 1921년도 베르레이 상을 받았는데, 이 상은 1년 동안에 나온 가장 우수한 신작에 주어지며 청중의 감흥에 따라 결정되는 상이라 청중이

싫어하면 아무리 좋은 곡이라고 해도 상을 탈 수가 없는 것이다. 여름날 새벽녘의 전원 풍경이 가슴 가득히 울려 퍼지면서 푸른 초원과 신선한 공기가 코로 스며드는 듯하다. 오네게르의 '기관차 퍼시픽 231'과 더불어 최고의 인기 있는 교향시이다.

'딜리어스'의 광시곡 '여름 정원에서'는 프랑스 르완 강가 시골 정원에서 작곡되었다. 딜리어스는 영국에서 태어났지만 1897년 프랑스의 여류 화가 예르카 로젠과 결혼하고는 파리 근교 로안 강가 그레-쉬르-로랑에서 생활을 한다. 이 곡은 넓은 시골 정원이 딸린 그레 저택에서의 아름다운 정원 풍경을 묘사하고 있다. 악보에는 빅토리아 시대의 영국 시인 '댄디 가브리엘 로세티'의 짧은 시구가 적혀 있다. '모든 것이 나의 꽃밭, 봄과 여름을 노래하고 있는 동안 사랑의 달콤한 꽃밭 전부를 그녀에게 바치리.'

이 곡은 병든 딜리어스를 헌신적으로 간호해준 아내 예르카 로젠에게 바쳐졌다. 시적 환상곡이 신비스럽게 흐른다. 또한 곡 딜리어스의 '시냇가의 여름밤' 역시 파리 근교 그레-쉬르-로랑에서 아름다운 자연과 벗하여 만들어낸 곡이다.

그레에 있는 딜리어스의 옛 저택은 아직까지 그대로 남아 있어 그곳을 찾는 관광객들의 명소가 되고 있다. 봄부터 여름까지 온갖 화초나 들꽃이 무성한 한 곁으로 르완 강이 흐른다. 강둑도 넓고 수심도 깊어서 작은 시냇물이 아니다. 딜리어스는 매년 여름밤에 이 강에서 뱃놀이를 즐겼다고 한다. 몽롱한 화성은 강 위에 찾아온 황혼을 암시하고, 리듬은 조용히 일렁이는 보트를 연상케 한다. 여름밤에 강에 깔린 평화와 정적, 그리고 그 아름다운 음의 영상은 멀리 사라져가듯 차츰 조용해진다.

　여름날의 추억을 회상하며 듣기에 알맞은 곡이다. 아련히 잊힐 듯 떠오르는 추억이라면 더욱 감칠맛이 날 것이다. 조지 거슈인의 '서머 타임'은 너무도 유명하기 때문에 모르는 이가 거의 없을 듯싶다. '서머 타임' 다시 말해 '여름날'은 거슈인의 〈포기와 베스〉라는 오페라에 나오는 아리아이다. 여름날, 흑인들에게 노동은 참으로 힘겹고 괴로운 일이다. 여름날 저녁 피로를 풀기 위해 나온 흑인들 속에서 '서머 타임'이 노래된다. '서머 타임'은 사실 자장가의 가락이다.

　흑인 민요 등의 가락은 흑인들의 괴로움을 잊게 해준다. 재주와 흑인 영가를 바탕으로 한 '서머 타임'은 흑인들뿐 아니라 모든 사람에게 사랑과 평화의 안식을 기도해준다. 흑인의 기름지고 텁텁한 목소리로 '서머 타임'을 부를 때 아마 모든 이가 가슴에 평온을 되찾게 될 것 같다. 최근의 명창으로는 미국의 소프라노 '캐슬린 배틀'의 노래가 단연 돋보인다. 배틀의 목소리는 리릭 소프라노이면서도 흑인의 영가적 영역까지를 포함시켜 묘한 매력을 자아내기 때문이다.

목소리가 곱디고우면서도 흑인 영가적 끈적끈적한 감성이 눈에 띄기 때문이다. 여름날에 꼭 들어보고 싶은 유혹을 뿌리치기가 어려운 곡 같다.

바다의 손짓

무더위를 잊으려면 바다를 연상하면 좋다. 아마 바다는 무더위를 깔끔히 씻겨주고 시원하게 감싸주기 때문일 것이다. 그러나 바다는 여러 가지 얼굴을 갖고 있다. 잔잔하고 시원스런 바다가 있는가 하면 성난 파도를 일으키는 걷잡을 수 없는 무서운 바다도 있고, 또 맹렬히 울부짖는 폭풍우의 바다도 있다. 바다의 '아다지오'는 어머니의 품과 같은 잔잔한 바다이다. 한없이 너그럽고 얼마든지 감싸 안아줄 것만 같은 그런 바다 말이다.

바다를 묘사한 음악을 들자면 '브리튼'의 '4개의 바다 간주곡'을 빼놓을 수 없다. 이 관현악 모음곡은 그의 오페라 〈피터 그라임스〉 중에서 바다 풍경을 모아 연주회용으로 가려 뽑은 것이다. 새벽, 일요일 아침, 달빛, 폭풍의 네 토막으로 구성되어 바다 풍경을 저마다 다르게 표현해내고 있다. 이 네 개의 간주곡 중에서 '폭풍'을 제외한 '새벽' '일요일 아침' '달빛' 등

3개의 간주곡이 '아다지오'에 해당된다. 첫 번째 '새벽'은 서곡 대신 프롤로그로 시작되어 제1막으로 들어가기 전 연주되는 서곡으로, 어촌의 새벽을 묘사하고 있다. 플루트와 바이올린이 렌토 트란퀼로(LENTO TRANQUILLO)로 조용히 주제를 연주하면 하프의 아르페지오가 어울려 동이 트고 해가 솟는 광경을 떠올리게 한다. 두 번째 '일요일 아침'은 제2막에서 연주되는 간주곡으로 설레는 일요일 아침 어촌 풍경을 그려나간다. 교회의 종이 혼으로 울리고 찬양의 노래가 비올라와 첼로로 시작되어 바이올린으로 옮겨지면서 어촌의 소박한 행복을 빌게 된다.

세 번째 '달빛'은 종막 전 간주곡으로 달빛 어린 바다와 해변의 풍경을 그리고 있다. 인간의 고뇌와 바다의 정적이 대비되는 명장면이다. 이 '달빛'에서는 바다가 얼마나 인간의 모든 고뇌와 갈등을 넓게 포용하고 있는지 그 자연의 힘을 일깨워주는 듯하다. 달빛 어린 바다는 인간의 잘잘못을 모두 감싸 안아주는 듯 넓고 넓게 잠들어 간다는 것이다.

또 '드뷔시'의 '바다'라는 제목의 관현악곡을 빠뜨릴 수는 없다. 이 곡의 원래 부제는 '관현악을 위한 세 편의 교향적 소묘'이다. '목신의 오후에의 전주곡'에서 인상주의 작곡법이란 이런 것이다, 하고 제시해보인 드뷔시가 교향적인 완정을 꾀하며 여러 모습의 바다를 인상주의적으로 그려낸 야심 찬 작품이다. 곡 전체는 세 편으로 나뉘어 있는데 첫 번째는 '바다의 새벽부터 정오까지', 두 번째는 '파도의 장난', 세 번째는 '바람과 바다의 대화'로 되어 있다.

드뷔시가 인상주의 음악의 완성편으로 바다를 고른 것은 그만한 이유가 있다고 여겨진다. 그것은 바다만큼 변화무쌍한 대상이 없을 뿐 아니라 그 미묘한 변화를 어떻게 음악으로 표현하는가를 가르쳐주고 있기 때문이다.

바로 미묘한 움직임과 변화도 인상주의 음악으로 놓치지 않고 표현할 수 있다는 자신감에서 '바다'를 묘사 대상으로 삼은 것은 아닐까. 현의 자음으로 시작되는 짧은 모티브는 고요한 바다 표면에 찰랑이는 작은 물결을 나타낸다. 차츰 바다에 태양이 떠오르고 곡은 차츰 활기를 찾기 시작한다. 이윽고 미풍이 불며 햇볕이 파도에서 부서지는 듯한 모습까지 드뷔시는 놓치지 않는다. 선율은 아주 느리게 바다를 그려낸다. 두 번째 곡은 '파도의 장난'. 파도의 장난은 험상궂은 것이 아니라 희롱에 가깝다. 3박자 무곡에 맞추어 높았다 낮았다 파도는 바람에 따라 바다와 귀여운 장난을 벌인다.

세 번째 곡 '바람과 바다와의 대화' 역시 으르렁거리는 폭풍 전야의 험난한 싸움의 맞상대가 아니다. 바람이 바다를 가지고 노는가 하면 바다가 바람을 꼬여서 부른다. 좀 세게 바람이 일렁이면 바다는 포말을 일구며 그 속으로 숨어버린다. 마치 바람과 바다가 희롱하며 장난치고 숨바꼭질하듯 살랑거린다. 드뷔시는 바다를 택했어도 무섭고 성난 바다는 싫어했다. 바다와 바람과 하늘 즉 새벽, 아침, 정오, 오후 등 시간에 맞추어 세밀한 표정 변화를 음악으로 표현해낸 것이다.

영국의 작곡과 '본 윌리엄스'의 '바다 교향곡'은 영국인의 바다 정복과 애국심, 그리고 바다를 내 조국처럼 사랑한 원대한 야심과 희망을 음악으로 표현했다. 이 '바다 교향곡'과 드뷔시의 '바다'는 같은 대상을 골랐다고 해도 그 내용에서는 너무나 큰 차이를 보이고 있다. 영국인의 높은 기상과 바다와의 투쟁을 그리면서 영국인의 애국심을 고취시킨 '바다 교향곡'도 한번쯤 들어보면 재미있을 것 같다.

여름 바다의 위험

바다는 사람을 유혹한다. 그리고는 생명을 앗아가기도 한다.

드뷔시의 또 하나의 관현악곡 '녹턴'의 세 번째 곡은 '바다의 요정'이다. 원제목은 'Sirenes'. 상반신은 어여쁜 여자의 모습이고 하체는 새인 바다의 괴물이다. 이 요정들은 무인도에서 지나가는 배를 향해 노래를 부른다. 이 노래를 들으면 반드시 그곳으로 배가 향하게 된다. 배가 가까이 오면 이 요정들은 사람들을 바다에 빠뜨려 죽게 한다. 호머의 장편 시 「오디세

이」에 나오는 장면이다. 오늘날 위급함 등을 알리는 경보 사이렌은 이 요정들의 이름에서 유래된 것이다. 드뷔시는 '녹턴'의 세 번째 '바다의 요정'에서 괴이하고 유혹적인 음악을 여성 합창으로 부르게 한다. 바다의 요정 사이렌의 소리와 너무도 흡사하지 않을까 하는 생각이 든다(사이렌의 소리는 못 들어봤지만.)

여름밤의 유혹

흔히 여름밤은 유혹의 밤이라고 부른다. 한낮에 무덥다가 시원한 밤이 되면 유혹의 여신들이 이곳저곳 나타나 유혹의 구렁텅이로 밀어 넣으려고 하는 것은 아닐까. '가브리엘 포레(1845~1924)'의 관현악 모음곡 '펠리아스와 멜리장드'는 여름밤의 유혹과 비극을 아다지오로 표현한 최고의 명곡이라고 할 수 있다. 이 곡은 신비주의 시인 '마테를링크'가 쓴 비극을 영국 런던에서 상영할 때 부수음악으로 작곡해 나중에 모음곡으로 엮은 것이다. '전주곡' '물레질하는 여인' '시칠리아의 무곡' '멜리장드의 죽음' 등 네 곡으로 돼 있는데, 비극적 운명의 실타래를 하나하나 풀어나가듯 구슬픈 '아다지오' 음악이 가슴을 후벼 판다. 이 극은 형제가 한 여인을 사랑하는 비극을 담고 있는데, 질투에 불탄 형이 멜리장드와 밀회하는 펠리아스를 찔러 죽이는 슬픈 운명의 극이다. 여름날, 숲 속, 샘가, 그리고 낡은 성곽 등 으스스한 풍경 속에 슬픈 사랑의 줄거리가 엮여져 나간다.

여름밤 유혹의 신은 형수가 된 멜리장드를 보는 순간 펠리아스를 사랑에 빠지게 한다. 멜리장드 역시 눈이 마주침과 동시에 사랑을 느끼고 만다. 이것은 여름밤이 일으킨 숙명적 비극이라고 할 수 밖에 없다. '아다지오'의 선율은 포레의 부드럽고 달콤한 악상으로 절절히 녹아내린다.

뱃노래와 야상곡

여름날 강가에서의 뱃놀이는 무더위를 피하는 연중행사이기도 하다. 물 위를 스쳐오는 강바람은 물결을 고이 안아 뱃전을 두드리게 만든다. 이런 뱃노래에 제격인 곡이 포레의 피아노곡집 '뱃노래'이다. 포레는 모두 13곡으로 된 피아노곡집 '뱃노래'를 남겼다. 그중에서도 제6번은 대중적인 인기가 높다. 물결이 뱃전을 희롱하는 모습을 리드미컬하게 표현하고 있다. 야상곡(녹턴)하면 프레데릭 쇼팽이 떠오른다. 모두 21곡의 피아노곡집 '녹턴'을 남겼다. 21곡 모두 구슬 같은 영롱함을 자랑한다. 여름날 밤 쇼팽의 피아노곡 '녹턴'은 더위를 말끔히 잊게 할 것이다. 그 중에서도 제7번, 제20번

등이 대중적 인기가 높다. '아다지오' 음악으로 더위를 잊어
보자.

〈일곱째 마당 아다지오의 추천 CD〉

드뷔시 교향시 '목신의 오후에의 전주곡'

불레즈(지휘), 클레블랜드 오케스트라 [DG 435766-2]

토스카니니(지휘), NBC 심포니 오케스트라 [RCA 60265]

오네게르 교향시 '여름의 목가'

마르티농(지휘), I O.R.T.F. 시립 오케스트라 [EMI 763944 2]

플래슨(지휘), 투르즈 까피탈 오케스트라 [DG 435438-2]

딜리어스 광시곡 '여름 정원에서' '시냇가의 여름밤'

바비롤리(지휘), 할레 관현악단 [EMI 565119 2]

거슈인 '서머 타임'

베틀(S) 프레빈(지휘), 성 누가 오케스트라 [DG 43787-2]

카나와(S) 맥그린(지휘), 뉴프린세스극장 오케스트라 [EMI 747454 2]

브리튼 '4개의 바다 간주곡'

프레빈(지휘), 런던 심포니 [EMI 7647362]

번스타인(지휘), 보스톤 심포니 오케스트라 [DG 431768-2]

드뷔시 '바다' '녹턴'

불레즈(지휘), 크리블랜드 오케스트라 [DG 439896-2]

토스카니니(지휘), NBC 심포니 오케스트라 [RCA 60265]

포레 모음곡 '펠리아스와 멜리장드'

오자와(지휘), 보스톤 심포니 오케스트라 [DG 423089-2]

플래슨(지휘), 투르즈까피탈 오케스트라 [EMI 747938 2]

포레 피아노곡집 '뱃노래'

꼴라르(P), [EMI 111328 2]

쇼팽 '녹턴'

피레스(P), [DG 2CD 447096-2]

프랑스와(P), [EMI 2CD 568151 2]

세레나데의 아다지오

시원한 여름밤 달콤한 사랑의 고백

세레나데란 무엇인가? 누구를 사모하고 있다는 사실은 너무나 소중하고 멋진 사실이 아닐 수 없다. 더구나 여름밤, 사모하는 여인의 창가에서 사랑의 노래를 불러 뜨거운 마음을 전한다는 것은 얼마나 로맨틱한 일인가. 세레나데는 사모하는 고귀한 여인에게 사랑을 바치는 노래에서 태어났다. 고즈넉한 여름밤, 시원한 미풍에 실려 어디선가 사랑을 호소하는 노랫소리가 들려온다. 이 장면을 상상하면 곧바로 떠오르는 한 폭의 명장면이 있다.

프랑스의 시인이자 극작가인 '로스탕(1868~1918)'의 유명한 희곡『시라노 드 베르즈락』의 사랑 고백 장면이다. 주인공 시라노는 코가 크고 못생겨서 록산느를 사랑하면서도 직접 고백을 못한다. 미남 청년 크리스티앙을 시켜 앞세우고 뒤에서 몰래 자신의 사랑을 읊조리게 한다. 어둠이 깃들면, 록산느의 발코니 아래서 크리스티앙은 뒤에 숨어 사랑의 시를 읊는 시라노의 말을 받아 록산느에게 전한다. 요즘에는 이메일로 또는 전화로 자신의 사랑을 고백할 수 있지만 옛날에는 사랑하는 이의 창가에서 사랑의 시를 읊고 사랑의 노래를 불러 뜨거운 마음을 전할 수밖에 없었다. 이 사랑의 노래가 바로 세레나데인 것이다. 이 세레나데는 18세기 음악, 문학, 미술 등 모든 문예사조에서 극치를 이루었다.

모차르트의 세레나데

세레나데를 음악에서 가장 멋지게 활용한 이는 단연 모차르트이다. 모차르트는 모두 13곡의 세레나데를 썼다. 세레나데라는 음악 형식을 통해 모차르트는 천부적 음악 재능을 마음껏 발휘했다. 우선 세레나데는 악장 수의 제한이 없다. 소나타나 교향곡에 비해서 악장 수를 마음대로 늘리기도 하고 줄일 수도 있다. 다만, 악장의 나열 방법은 속도의 콘트라스트가 고려된다. 빠르고-느리고-빠르고-느리고의 반복적인 대비 말이다. 거기다 가장 중요한 특징은 심각한 내용이나 지나친 표현, 그리고 어두운 분위기는 절대 사절한다는 점이다. 여름밤에 달콤한 사랑의 호소를 읊조리는 세레나데에 무거운 분위기는 필요 없지 않겠는가. 이런 특징과 음악 양식을 잘 살려 모차르트는 자신의 성격에 꼭 맞는 세레나데 명곡들을 만들어낸 것이다. 명랑하고 낙천적이고 재기발랄한 모차르트의 천재성이 악장 수에 구애받지 않고 세레나데라는 형식을 통해 마음껏 발휘된 것이다. 그리고 모차르트는 사랑의 고백이라는 세레나데의 본질을 살려 자신의 천재성과 음악성에서 우러나온 아름다운 멜로디로 사랑의 호소를 하고 있는 것이다.

열세 곡이나 되는 모차르트의 세레나데가 모두 아름다운 서정미를 자랑하지만, 이 중에서 대표적인 세 곡을 골라 소개하려고 한다. 물론 아름다운 아다지오의 멜로디이다.

아이네 클라이네 나흐트 무지크

모차르트의 세레나데 중에서도 가장 유명한 것은 G장조 K.525 '아이네 클라이네 나흐트 무지크'이다. 이 곡은 세레나데 중에서 제13번으로 마지막 작품이다. 여기서 모차르트는 자신이 직접 '소야곡'이라는 표제를 붙여 세레나데임을 뚜렷이 밝히고 세레나데 곡의 완결편을 보여주고 있다.

모차르트 나이 31세 때인 1787년 8월에 작곡되었으며 간결하면서도 친숙해지기 쉬운 아름다운 선율로 누구나 한 번 듣기만 해도 친근감을 느낄 수 있어 인기가 높다. 교향곡처럼 모두 4악장으로 되어 있는데 우리의 아다지오 악장은 제2악장인 로만체 안단테이다. 모차르트는 서정성이 풍부한 아름다운 곡조를 가진 느린 악장에 로만체라는 표제를 즐겨 붙이고 있다.

모차르트가 이 곡에서 우리에게 호소하고 있는 것은 바로 로맨틱한 분위기이다. 로맨스를 꿈꾸는 달콤한 분위기에 빠져들도록 우리를 유혹한다. 로맨틱한 분위기는 우리의 정열을 용솟음치게 만든다. 아무리 오늘의 21세기가 IT의 시대라고 하지만 로맨티시즘은 인간이 존재하는 한 영원한 것이라고 한다. 이 곡을 듣고 로맨틱한 분위기에 젖지 못한다면 그야말로 그것은 비극이 아닐 수 없다. 로맨티시즘은 우리에게 새로운 용기와 정열을 가져다준다. 마음껏 모차르트의 세레나데를 들으며 사랑의 꿈을 꾸고 달콤한 유혹에 젖어보는 게 어떻겠는가.

그랑 파르티타의 조화

　두 번째 소개하지 않으면 안 될 세레나데는 제10번 B플랫 장조 K.361인 '그랑 파르티타'이다. 이 곡은 '13 관악기의 세레나데'라고도 부른다. 열세 개 관악기의 절묘한 합주로 연주된다는 뜻이다. 관악기가 일단 모차르트 손에 걸려들면 그 관악기의 특징을 충분히 발휘하면서 깜짝 놀랍도록 신선한 인상을 안겨준다. 그러한 모차르트의 관현악 서법의 정수를 나타낸 작품이 바로 이 B플랫 장조의 세레나데이다. 모두 7악장으로 짜였는데 제3악장과 제5악장이 아다지오이다. 특히 제3악장은 아름다운 선율로, 가장 주목을 끌고 있는 악장이다. 모차르트의 원숙기 작품으로 1781년에 작곡되었으며 '그랑 파르티타'라는 명칭답게 연주 시간도 약 50분이 걸리는 대작이다.

　세 번째로는 세레나데 제7번인 D장조 K.250인 '하프너' 세레나데이다. 하프너라는 별칭은 잘츠부르크의 유력한 부호이며 시장을 지낸 하프너가의 혼례용 음악으로 작곡되었기 때문에 붙여진 이름이다. 1776년 모차르트 나이 20세 때 그는 교향곡에 버금가는 대관현악 편성의 세레나데를 작곡하여 작품 활동의 분수령을 이룩했다. 연주 시간도 약 58분이 넘고 제8악장까지 있는 대작이다. 제2악장과 제6악장이 느린 악장으로 서정적인 선율이 마치 호소하듯 흘러나온다. 모차르트의 천재적 음악성은 이 세레나데에서 유감없이 발휘되어 세레나데라는 음악의 표본을 보여주었으며, 교향곡으로의 발전 양식을 엿보게 하고 있다. 이 세레나데로 모차르트는 나중에 4악장으로 된 하프너 교향곡을 만든다.

'아이네 클라이네 나흐트 무지크'는 현악 합주로, '그랑 파르티타'는 '관악기'의 절묘한 앙상블로, '하프너' 세레나데는 대관 편성의 '관현악 합주'로 모차르트는 세레나데라는 음악의 틀을 활용, 자신의 아름다운 선율을 들려주며 즐거운 인생살이를 고백하고 있는 것이다. 모차르트의 세레나데를 들으면 로맨틱한 감정이 자신도 모르게 용솟음쳐 나오는 듯한 기분에 사로잡히고 만다. 꿈을 갖게 하고 상상의 나래를 펴고 사랑을 느끼며, 그 감정을 누구에게 고백하지 않으면 안 되는 사랑의 열띤 호소는 아름다운 선율을 타고 가슴속 깊이 여울이 되어 흘러나오는 것이다.

베토벤의 세레나데

베토벤은 세레나데라는 이름을 가진 음악을 두 곡 작곡했다. 하나는 바이올린, 비올라, 첼로를 위한 D장조 작품8인 현악삼중주 세레나데이고, 또 하나는 D장조 작품25인 첼로 대신에 플루트를 넣은 삼중주곡이다. 베토벤은 세레나데를 복잡하게 생각하지 않고 간단한 트리오 양식으로 압축하여 세레나데의 정수만을 표현하려고 했던 것이다.

베토벤은 30세 이진에 여러 가지 익기의 짜임에 의한 실내악을 쓰면서 악기 편성을 여러 각도로 연구했다. 세레나데는 이 실내악의 계통에 속하는 초기 작품인데, 그는 아름다운 선율과 단아한 정서를 담아 명곡을 만들어냈다. 베토벤의 작품에는 너무 위대한 명곡들이 많아 이 세레나데 두 곡에는 큰 관심을 별로 보이지 않는 경향이지만, 들으면 들을수록 입맛나는 명곡일 뿐 아니라 젊은 날 베토벤의 로맨티시즘이 우러나는 곡이다.

작품8 세레나데는 모두 5악장으로 되어 있는데, 제3악장이 아다지오로 느린 악장이다. 베토벤은 간단히 현악삼중주로 세레나데를 꾸몄지만 세레나데의 기본 요소는 다 갖추어놓았다. 행진곡풍으로 시작되어 행진곡풍으로 끝나는 세레나데의 맛을 그대로 답습하고 있다. 모차르트를 비롯한 과거의 세레나데 음악 형식을 그대로 이었다는 이야기이다. 그래서 혹자는 이 곡을 5악장이 아니라 7악장으로 보기도 한다. 그러나 아다지오 악장은 역시 끄떡지 않고 오묘한 선율로 청각을 자극한다.

D장조 작품25에 가서 베토벤의 로맨티시즘은 한층 더 그

색채를 영롱하게 발휘한다. 6악장으로 된 이 플루트 삼중주 세레나데 제4악장 안단테 콘 바리아지오니에서 애인에게 자기 노래를 들려주고 즉흥적으로 그것을 변주하는 것처럼 현과 플루트가 서로 주고받으며 속삭인다. 가장 중요한 세레나데의 사랑 고백이 바로 이 느린 악장에 들어 있다. 베토벤의 두 곡밖에 안 되는 세레나데에서 우리는 절제된 악기 수이지만 그 속에서 울려나오는 아름다운 선율로 세레나데의 참뜻을 깨닫게 된다. 그래서 베토벤의 음악을 들으면 다시 한 번 놀라고 만다. 그의 음악적 위대함에 말이다.

브람스, 차이코프스키의 사랑

선배 음악가들의 전통을 조심스럽게 이어받기 위해 노력한 브람스는 25~26세 때 두 곡의 관현악곡을 완성한다. D장조 작품11과 A장조 작품16의 세레나데이다. 두 곡 모두 전원적이고 완만하여 행복감이 넘치고 있다. 특히 세레나데 제1번 D장조는 하이든의 교향곡 분위기를 닮아 하이든풍이라는 평을 듣고 있다. 하이든이 죽은 지 100년 후 브람스에 의해 하이든의 음악이 다시 살아났다고 말이다. 그러나 사실, 브람스는 교향곡을 작곡하기 전 세레나데라는 자유 형식을 빌려 대관현악곡을 조심스럽게 내어놓았던 것이다. 제1번 작품11의 세레나데는 모두 6악장으로 3악장에 아다지오 악장을 두고 가장 중심부로 삼았다. 전체 연주 시간 약 46분 중에서 이 3악장이 차지하는 시간이 15분을 넘고 있다. 그리고 아다지오 논 트로포(ADAGIO NON TROPPO)로 아다지오 악장으로서의 구실을 제대로 해내고 있다. 아름답고 깊은 감정으로 가득 차 있다.

제2번 A장조 작품16은 모두 5악장으로 되어 있는데 이 곡역시 제3악장이 아다지오 논 트로포로 중심을 이룬다. 제1번 세레나데에서 브람스는 세레나데의 전통 그대로 미뉴에트 악장도 넣었지만 제2번에서는 과감히 미뉴에트 악장도 없애고 만다. 교향곡에 앞서 자신이 추구하는 선율로 완벽한 관현악곡을 만들려고 모험적 시도를 한 것이다. 아름다운 선율을 타고 흐르는 서정적 감흥을 완벽한 세레나데로 부활시켰다.

제2번은 정신적 사랑을 바친 슈만의 아내 클라라 슈만에게 악보 자체가 보내졌다. 사모하는 클라라의 생일날 세레나데를 작곡하여 악보까지 바친 셈이다. 브람스식 사랑의 표현은 뜨거우면서도 행동의 절제가 뒤따라 끝내 사모하는 처지로 남게 된다.

사모하는 여인에게 세레나데를 작곡하여 바친 작곡가는 또한 사람 있다. 바로 차이코프스키이다. 1880년 10월 10일 차이코프스키는 자신의 열렬한 후원자인 '폰 메크' 부인에게 보낸 서신에서 '이 세레나데는 나의 내면적 충동에서 순수하게 작곡되었으며 진정한 예술적 가치를 잃지 않은 작품으로 생각하고 있습니다'라고 고백하고 있다. 차이코프스키의 순수한 내면적 충동이란 작곡 의뢰를 부탁받아 작곡했거나 약속 마감에 쫓겨 작곡된 것이 아니라, 자신의 마음에서 저절로 우러나온 감정으로 작곡되었음을 상세히 설명하고 있는 것이다. 이런 순수한 차이코프스키의 폰 메크 부인에 대한 사모의 정은 세레나데에서 우러나오고 있는 것이다.

차이코프스키의 단 한 곡뿐인 세레나데 C장조 작품48은 현을 위한 세레나데이다. 현악만으로 합주를 한다. 4악장으로 이루어져 있는데 제3악장이 엘레지로 느린 악장일 뿐 아니라 중심 악장이다. 바이올린의 달콤한 선율은 바로 차이코프스키의 사모의 일념을 고백하는 듯하다. 엘레지의 애달픈 선율의 하소연, 그러나 폰 메크 부인은 철저하게 차이코프스키를 재정적으로 지원해주지만 서로 만나는 것도 완강하게 거절하여, 차이코프스키는 죽는 날까지 편지만을 수없이 보낸다. 편지 속에서 차이코프스키는 작곡에 대한 세세한 설명, 그리고 자신이 겪고 있는 일상생활의 사정을 낱낱이 알려, 오늘날 그 서신은 중요한 자료로 꼽히고 있다.

그 밖의 명곡들

브람스의 적극적인 독려와 사랑을 받은 드보르자크도 두 곡의 세레나데를 남겼다. 한 곡은 현악합주용으로 33세 때 쓴 작품22이고, 또 하나는 36세 때 작곡한 관을 주제로 한 작품 33이다. 가난 때문에 어려운 생활을 하고 있던 드보르자크은 브람스의 추천으로 오스트리아 정부로부터 막대한 장학금을 받게 되었다. 이제 여유를 가지고 작곡에만 몰두할 수 있게 된 드보르자크은 작품22 세레나데를 비롯하여, 연달아 명곡을 작곡해낸다. 5악장으로 된 이 현을 위한 세레나데에서 드보르자크은 현만 사용한 침착하고 부드러운 울림으로 사랑하는 사람이 사모하는 마음을 분위기 있게 노래하게 하고 있다. 제 4악장이 라르게토로 서정미가 풍부하다. 작품44 세레나데는 작품22만큼 사랑을 받지는 못하지만 관현악으로 된 작은 합주곡으로 관악기보다 현악기의 명수인 드보르자크에게는 귀한 작품이다.

바이올린 협주곡과 첼로곡인 '콜 니드라이'로 유명한 '브루흐(1838~1920)'는 숨은 보석 같은 세레나데를 한 곡 남기고 있다. 역시 바이올린과 관현악을 위한 협주곡 풍의 세레나데 작품75이다. 바이올린의 명수답게 첫 악장부터 아름다운 현의 선율로 가슴을 아리게 만든다. 곡은 점점 정열의 소용돌이에

말려들 듯하다가 3악장 녹투르노에 가서 히소연으로 변한다. 선율은 야상곡으로 부드럽게 어루만지면서 사랑을 고백한다. 4악장으로 이루어져 협주곡이 아니라 세레나데임을 증명하고 있다. 그리 널리 알려지지 않아서 찾아 듣기가 쉽지 않다. 그러나 한 번 들으면 잊을 수가 없는 명곡이다. 녹음된 CD도 흔치 않다. 바이올린의 명수라면 마땅히 녹음에 욕심을 낼 만도 한데 왜 녹음이 드문지 이해가 잘 안 간다.

끝으로 '엘가(1857~1934)'의 세레나데 작품20을 꼭 소개하고 싶다. 엘가는 1889년, 바이올린을 가르치던 제자와 결혼한다. 이 세레나데는 사랑하는 부인의 세 번째 결혼기념일에 선물로 작곡되었다. 빠르게-느리게-빠르게의 3악장으로 구성된, 연주 시간 12분의 소품이다. 엘가의 부인에 대한 사랑 이야기는 너무나도 유명하다. 사랑하는 아내의 내조로 작곡을 할 수 있었다고 고백할 정도이다. 그만큼 사랑의 절실함이 곡 선율 마디마디에 넘쳐흐른다. 제2악장 라르게토는 서두르지 않는 사랑의 미소가 가득하다. 확실히 사랑은 인간에게 벅찬 기쁨과 감동을 주는 모양이다. 세레나데라는 음악 형식으로 택한 작곡가들은 교향곡이나 소나타나 혹은 협주곡으로는 자신의 히소연을 다 표현하지 못한다는 아쉬움으로 자유 형식의 세레나데를 통해 4악장, 5악장, 7악장, 8악장 마음 내키는 대로 악장 수를 늘리기도 하고 줄이기도 해서 그 당시의 악상을 마음껏 표현해내고 있다. 사랑에는 형식이 없다는 말과 같은 의미가 아니겠는가. 세레나데여, 영원하라!

〈여덟째 마당 아다지오의 추천 CD〉

모차르트 아이네 클라이네 나흐트 무지크 K.525
클렘페러(지휘), 필하모니아 [EMI 5673342]
보스코프스키(지휘), 빈 모차르트 앙상블 [DECCA 443 458-2]

모차르트 세레나데 10번 그랑 파르티타 K.361
브뤼겐(지휘), 18세기 [Phillip 4223382]
아마데우스 윈드 [DECCA 2CD 458 092-2]

모차르트 세레나데 7번 하프너 K.250
뵘(지휘), 베를린 필하모니 [DG 2CD 453076-2]
보스코프트키(지휘), 빈 모차르트 앙상블 [DECCA 443 458-2]

베토벤 세레나데 Op.8
하이페츠(Vn) 프림로즈(Va) 피아티고르스키(Vc) [RCA 7870-2]
무터(Vn) 기아라나(Va) 로스트로포비치(Vc) [DG 2CD 427 687-2]

베토벤 세레나데 Op.25
가젤로니(Fl) 그루뮈오(Vn) 반처(Vl) [Phillip 2CD 454 247-2]

브람스 세레나데 Op.11, Op.16

하이팅크(지휘), 로얄 콘서트헤보 [Phillip 432510-2]

볼트(지휘), 런던 필하모니 [EMI 2CD 5686552]

차이코프스키 현을 위한 세레나데 Op.48

진만(지휘), 네덜란드 쳄버 [Phillip 2CD 438 748-2]

드보르자크 현을 위한 세레나데 Op.22

카라얀(지휘), 베를린필 [DG 400 038-2]

브루흐 바이올린과 관현악을 위한 세레나데 Op.75

아카르도(Vn) 마주어(지휘) 라이프치히 게반트하우스 [Phillip 2CD 438 748-2]

엘가 세레나데 Op.20

오르페우스 실내 관현악단 [DG 445 561-2]

바비롤리(지휘), 뉴필하모니아 [EMI 567240-2]

바로크의 아다지오

영혼을 달래주는 유쾌한 즐거움, 바로크 음악

바로크 음악을 좋아하는가. 보통 우리는 바로크 음악 하면 '비발디'를 떠올린다. 그건 우리 생활 속에서 숨 쉬고 있는 봄, 여름, 가을, 겨울의 음악인 그 유명한 '사계'란 곡 때문일 것이다.

우리를 즐겁게 해주는 음악, 그것이 바로크 음악이다. 바로크(Baroque)란 미술사조에서 아름답게 장식한 것을 의미하는데, 미술뿐 아니라 음악, 문학 등 예술 모든 분야에 걸쳐 시대적 특징을 갖고 있다. 음악에서는 대체로 1600년부터 1750년까지 150년간을 바로크 시대로 지칭한다. 1600년은 현존하는 오페라가 최초로 작곡, 발표된 해이고 1750년은 대 음악가 '바흐'가 세상을 떠난 해이다.

이 바로크 시대 음악은 왕궁, 교회, 귀족들의 후원으로 어떤 의식이나 행사 등, 단순히 후원자들의 즐거움을 위한 음악을 작곡하던 시대이다. 그러니까 음악의 심각성이나 처절함을 거의 찾아볼 수 없는 음악을 작곡해낸 것이다. 들어서 즐겁고 행사나 의식을 위해 만들어진 음악이 비극적이고 심각해서야 되겠는가. 아름다운 멜로디로 때로는 농담하듯, 때로는 장엄하게, 때로는 위로하듯, 즐거운 분위기로 만들어주면 되는 것이었다.

바로크 음악의 리듬을 생각해보면 더욱 분명해진다. 단순 명료하며 분명하고 규칙적인 리듬을 갖고 있다. 그것은 마치 사람의 보폭처럼 일정하고 편안한 생활의 리듬이며, 사회의 리듬이라고 하기에도 부족함이 없다.

고전, 낭만, 근대, 현대 음악을 들어온 우리에게 바로크 음악은 단순하고 이중적이지 않아 쉽게 싫증을 느낄 수도 있다. 그러나 바로크 음악은 바로 그 분명하고 단순한 리듬과 아름다운 선율로, 모든 바로크 음악이 아다지오 영역에 속한다고 하면 지나친 생각일까.

바로크 시대 작곡가들은 왕과 귀족 그리고 교회 지도자들을 즐겁게 만들어주고 위로해주며 심지어는 잠들게 하기 위한 음악을 작곡하고 연주했다. 음악에서 평화를 얻고, 위안을 찾았으며, 교회음악은 기도하는 사람들의 영혼을 평화롭게 이끌어냈던 것이다. 음악을 즐기는 방법에서도 현재와는 차이가 난다. 제대로 음악을 들으려면 오늘날 우리는 연주회장을 찾는다. 정신을 차리고 귀를 기울여 연주에 집중한다. 그러나 바로크 시대 음악은 대중적으로 널리 보편화되지는 않았지만 보다 생활과 가까이, 아무 데서나 쉽게 연주하고 듣는 것도 편하게 했던 게 아닌가 생각된다. 궁정에서, 교회에서, 거실에서, 정원에서 물론 일부 계층, 소위 귀족 계급 사회의 여유이겠으나 시청 방법이 지금보다 여유롭고 편안했다는 것이다. 연주회라는 절제된 공간에서가 아닌, 생활 속에 녹아 있는 단순한 '들어서 즐거운' 생활의 음악으로 말이다.

비발디의 사계

그런 뜻에서 비발디의 사계는 참으로 널리 알려져 있고 어디서나 들을 수가 있다. 처음 '이무지치' 연주단이 '페릭스 아요'의 바이올린 연주로 첫 리코딩을 마친 후 여러 독주 바이올리니스트들이 음반을 발매했다. 그뿐인가. 이름 있는 바이올리니스트치고 아마 이 '사계'를 연주, 녹음하지 않은 사람은 없을 것이다. 이 곡의 마력은 우선 이해하기 쉽고 선율이 아름다우며 흥겹기 때문이라고 생각한다. 들으면 '아, 사계구나' 하고 금방 알 수 있으며 쉬운 멜로디를 따라가다 보면 저절로 즐거운 마음이 되기 때문 아닐까.

사계와 맞먹는 또 하나의 바로크 음악의 명곡은 '파헬벨 (1653~1706)'의 '카논'이다. 바로크 음악 중 아다지오의 대표곡이라고도 할 수 있는 이 곡은 참으로 많은 사람들에게 사랑을 받아 여러 형식으로 편곡되어 널리 보급되었다. 미국의 재즈 피아니스트 '조지 윈스턴'이 그의 앨범 'December'에 이 곡을 편곡, 연주해 오랫동안 인기를 끌었다. 아마도 그 앨범에 카논이 없었다면 과연 그런 밀리언 베스트셀러가 될 수 있었을까 하는 생각마저 든다. 파헬벨의 카논이 이렇게 여러모로 인기를 끌자 RCA(현 BGM)에서는 파헬벨의 카논을 여러 가지 형식으로 편곡 연주한 것을 골라 한 장의 음반으로 내놓았다.

바로크 연주양식의 고풍스런 연주, '제임스 골웨이'의 플루트 연주, 브라스 밴드의 연주, 4중주의 카논, 일렉트릭의 카논, '클레오 레인'이 노래한 카논 등등 흥미진진한 카논의 보고로 지금까지도 계속 사랑을 받고 있다. 다만 아쉬운 것은 '조지 윈스턴'의 재즈 피아노 편곡 버전이 저작권 관계로 포함되어 있지 않은 것인데, 이 RCA 파헬벨 카논에 조지 윈스턴의 카논이 첨가된다면 금상첨화일 것이다.

언젠가 친구의 승용차를 탔을 때 그의 카오디오에서 파헬벨의 카논을 들었다. RCA 편곡 버전인 줄 알고 들었는데 마지막에 조지 윈스턴의 감칠맛 나는 카논이 이어져 나왔다. 그 친구는 조지 윈스턴의 카논까지도 넣어서 녹음했던 것이다. 좋은 생각이라고 그의 녹음을 마음껏 칭찬해준 것은 물론이다. 다시 비발디 이야기로 돌아가겠다. 비발디는 무려 600곡의 협주곡을 썼기에 협주곡의 아버지라고 불리기도 한다. 음악의 아버지라는 바흐도 협주곡에서만큼은 비발디의 방식을 따랐다고 한다. 그러나 현대 어느 작곡가는 비발디의 600곡의 협주곡은 단지 한 곡의 협주곡을 600 종류로 바꾼 것에 불과하다는 혹평을 했다. 이 말은 협주곡이라는 하나의 틀에다가 이것저것 재료만 달리하여 600곡을 찍어냈다는 것이다.

사실 비발디 협주곡을 들어보면 그게 그거인 것 같은 느낌을 많이 받는데 그것은 비발디가 후원자가 주문하는 대로 작곡을 하지 않으면 안 될 만큼 가난한 처지에 놓여 있었기 때문이다. 후원자는 밤마다 같은 곡을 듣고 싶어 하지 않기에 남의 것도 편곡을 하고 자신의 노래도 다지 작곡하지는 않았나 하고 추측해본다. 그러나 비발디는 그 많은 협주곡을 작곡하면서 오늘날까지도 이어져 내려오는 3악장이라는 형식을 만들어냈다.

우리가 즐겨 듣는 사계 중에서 가장 아름다운 아다지오의 선율은 겨울 중 제2악장 라르고이다. 겨울비를 묘사했다는 이 악장의 선율은 비발디가 만들어낸 최고의 아다지오로 카라얀의 아다지오 제2집에 '비'라는 제목으로 들어 있다.

바흐와 헨델

바흐와 헨델(1685~1759)은 같은 독일에서 태어났지만 바흐는 독일에서, 헨델은 영국에서 바로크 음악의 꽃을 피웠다. 바흐는 4개의 관현악 모음곡을 작곡했는데 그 중 제3번 모음곡 제2악장의 아리아는 음악사상 최고의 아다지오이다. 바이올린으로 편곡된 것은 'G 선상의 아리아'라고 부른다. 아마 거의 모든 사람들이 이 곡만큼은 어디선가 한 번 이상 들어봤을 것이다.

바흐 시대의 아리아라고 하는 것은 오늘날 우리가 알고 있는 오페라의 아리아가 아니라 아름다운 선율을 느슨하게 연주하는 춤곡을 말한다. 바흐는 바이올린 협주곡 제2번에서 제2악장에 중심적인 아다지오를 넣어 더욱 감미로운 협주곡을 만들어냈는데, 이것은 이탈리아의 '비발디'와 '알비노니'의 협주곡 양식을 연구, 발전시켜 바이올린 협주곡의 틀을 완성한 것이다.

비발디는 그의 협주곡에서 아다지오를 잠시 쉬어가는 틈

새 정도로 많이 이용했고, 알비노니는 아다지오 악장에 세심한 배려를 두었으며, 바흐는 더욱 느린 악장에 중심을 두도록 하여 형식의 미려함을 더했다. 또한 바흐는 '두 대의 바이올린을 위한 협주곡'에서도 느린 제2악장에 무게를 신도록 시도해 더욱 아름다운 아다지오로 선율의 아름다움에 푹 빠져들게 만들고 만다.

바흐의 또 다른 아다지오 명곡은 '무반주 첼로 협주곡'에 잘 나타나 있다. 특히 제1번 전주곡은 우리를 어느 깊은 미지의 세계로 이끌어가는 듯하다. 우리를 어디로 데리고 가는 것일까. 아무리 끌려가지 않으려고 해도 빠져나올 수가 없다. 음악의 심연에서 우리는 진정한 평안을 느낄 수 있다. 그냥 마음 놓고 이끌려가보자. 음악의 심연으로.

잠을 오게 하는 음악

근엄하기 짝이 없는 바흐도 후원자를 위해서는 어쩔 수 없었던 모양이다. '잠이 들게 하는' 음악을 작곡한 것이다. 바흐를 적극적으로 후원해주던 백작이 불면증에 걸려, 잠을 못 자는 밤이 계속된다고 호소를 한다. 바흐는 함께 있던 하프 연주자 '골드베르크'가 연주할 수 있도록 1시간이 넘는 지루하고 긴 변주곡을 작곡해 백작에게 들려주자 불면증에서 해방되었다고 한다. 하나의 아리아를 가지고 30곡가량의 변주곡을 만든 이 곡, 잠이 오게 만드는 이 곡이 바로 '골드베르크 변주곡'이다. 거뜬하게 불면증을 털어버린 백작은 바흐에게 후한 상을 주어 보답했다고 한다. 조용한 골드베르크 변주곡의 선율을 따라가다 보면 저절로 위안을 얻게 되지만 지루한 감이 있는 것도 사실이다. 그래야만 잠이 오게 할 수 있을 테니까.

이 아다지오 음악은 불면증으로 고생하는 사람들에게 좋은 치료약이 되고 있다. 물론 연주에 신경을 쓰면 오던 잠도 달아날 테니까, 연주에 신경을 쓰지 않고 편하게 들어야만 한다. 바로크 음악을 얼마나 편안하게 들어야 하는지를 단적으로 알려주는 곡이 아닐까 한다. 잠이 안 올 때 시험해보는 것도 재미있겠지만 선율에 심취하여 음악에 귀를 기울인다면 아마 꼬박 밤을 새울지도 모르는 일이다.

헨델의 평화

영국에서 극음악으로 이름을 날리던 '헨델'은 영국 왕을 위해 많은 명곡을 남겼다. 축전을 위해 작곡한 '왕궁의 불꽃놀이' 관현악곡은 그 대표적인 곡이다.

오랜 전쟁이 끝나고 평화협정이 맺어진 것을 축하하기 위해 런던에서 열렸던 대대적인 축전에 쓰일 음악을 헨델에게 작곡하도록 왕의 부탁이 내려진다. 이 관현악곡들 중 네 번째 '평화'는 대표적인 아다지오 악장으로, '수상음악'과 더불어 헨델의 기념비적 바로크 음악이다.

헨델은 오르간 협주곡에서 아다지오 악장을 잘 살려 협주곡의 틀을 마련한다. 장엄함을 강조하는 듯 한 아다지오 악장은 소록소록 귀에 젖어든다. 바흐의 'G 선상의 아리아'처럼 헨델에게는 '헨델의 라르고'라는 너무도 유명한 곡이 있다. 대중적으로도 널리 알려진 이 곡은 헨델의 오페라 '세르세' 중에서 아리아 선율을 편곡한 것인데 기악곡으로, 관현악곡으로 또는 현악곡으로 편곡하여 헨델의 '라르고'라고 불린다. 그 선율의 아름다움은 이루 말할 수 없을 정도이다.

식사를 위한 음악

바로크 음악은 심각하지 않고 작곡가의 의도를 주장하지도 않으며, 듣기에 즐겁고 기분 좋은 음악이라고 앞에서 이야기했다. 여기에 가장 알맞은 곡이 '텔레만(1981~1767)'의 '식탁의 음악'이다. 텔레만은 독일에서 바흐나 헨델보다 4년 먼저 태어났다. 살아생전에는 바흐나 헨델보다 독일에서 더욱 유명했다. 이 곡은 이름 그대로 왕이나 귀족들이 식사하는 동안 들려주는 음악으로 이 음악을 들으면 식욕이 왕성해지고 즐거운 분위기로 소화도 잘된다고 한다.

서곡으로 시작하여 사중주곡, 협주곡, 삼중주곡, 독주곡, 춤곡 등 여러 가지 형태로 싫증 나지 않게 다양화를 꾀하는 이 곡이야말로 바로크 기악곡의 총집대성이라 말해도 지나친 말이 아닐 것이다. 제1집 세 번째 협주곡의 제1악장은 빼어난 아다지오의 선율로 텔레만의 명성에 지나침이 없다는 것을 말해준다.

바로크 시대를 음악사에서 '바소 콘티누오(통주저음)' 시대라고도 하는데, 이것은 단선음에 화음적 반주가 뒤따른다는 것으로, 아리아 단선율이 끊겨도 화음적 반주는 계속되는 것을 뜻한다. 보다 생활에 가까이, 그리고 즐기기 위해 누리는 보다 단순하고 들어서 편한 바로크 음악을 더욱 가까이 해보는 게 어떨까. 유쾌한 즐거움을 생활 속에서 찾기 위해서 말이다.

〈아홉째 마당 아다지오의 추천 CD〉

비발디 사계

아요(V) 아무지치 합주단 [Phillip 416611-2]

길 샤함(V), 오르페우스 실내 O. [DG 439933-2]

파헬벨의 카논

바로크 실내O. 등 총망라 [BGM(RCA) 9024]

카라얀(con) 베를린 필 [DG 413309-2]

바흐 관현악 모 음곡 제3번

피노크(con) 잉글리시 콘서트 [AR 439780-2]

마리너(con) 세인트 마틴 아카데미 [Phillip 4465433-2]

바흐 무반주 첼로 조곡

로스트로프 포비치(vc) [EMI 5553632]

카잘스(vc) [EMI 5662 152]

바흐 바이올린 협주곡 2번, 두 대의 바이올린 협주곡

세링(v) 아송(v) 마리너(con) 성마틴 아카데미 [Phillip 446533-2]

데이비드 이고르 오이스트라흐(v) 라이도치 게반트 하우스 O.

[Beriln classic 21302]

바흐 골드베르크 변주곡

굴드(p) [CBD MK 37779]

가브리프(p) [DG 435 436-2]

헨델 왕국의 불꽃놀이

호그우드(con) 고음악 아카데미 [Decca 443177-2]

피노크(con) 잉글리시 콘서트 [Ar 453451-2]

헨델 오르간 협주곡

프레스톤(org) 영국 바로크 솔로이스트 [Phillip 434122-2]

오르페우스 실내O. [DG 435390-2]

헨델 라르고

부다페스트스 스트링스 [EMI EKCD0367]

텔레만 식탁의 음악

괴벨(ocn) 무지카 안티카비른 [Ar 447296-2]

내 사랑 아다지오

펴낸날	**초판 1쇄 2014년 12월 29일**
지은이	**양태조**
펴낸이	**심만수**
펴낸곳	**(주)살림출판사**
출판등록	**1989년 11월 1일 제9-210호**
주소	**경기도 파주시 광인사길 30**
전화	**031-955-1350 팩스 031-624-1356**
기획 · 편집	**031-955-4671**
홈페이지	**http://www.sallimbooks.com**
이메일	**book@sallimbooks.com**
ISBN	**978-89-522-3044-7 04080**

※ 값은 뒤표지에 있습니다.
※ 잘못 만들어진 책은 구입하신 서점에서 바꾸어 드립니다.

이 도서의 국립중앙도서관 출판시도서목록(CIP)은 서지정보유통지원시스템 홈페이지
(http://seoji.nl.go.kr)와 국가자료공동목록시스템(http://www.nl.go.kr/kolisnet)에서
이용하실 수 있습니다.(CIP제어번호: CIP2014037254)

책임편집   **박종훈**

054 재즈

eBook

최규용(재즈평론가)

즉흥연주의 대명사, 재즈의 종류와 그 변천사를 한눈에 알 수 있도록 소개한 책. 재즈만이 가지고 있는 매력과 음악을 소개한다. 특히 초기부터 현재까지 재즈의 사조에 따라 변화한 즉흥연주를 중심으로 풍부한 비유를 동원하여 서술했기 때문에 재즈의 역사와 다양한 사조의 특징을 쉽게 이해할 수 있다.

255 비틀스

eBook

고영탁(대중음악평론가)

음악 하나로 세상을 정복한 불세출의 록 밴드. 20세기에 가장 큰 충격과 영향을 준 스타 중의 스타! 비틀스는 사람들에게 꿈을 주었고, 많은 젊은이들의 인생을 바꾸었다. 그래서인지 해체한 지 40년이 넘은 지금도 그들은 지구촌 음악팬들의 많은 사랑을 받고 있다. 비틀스의 성장과 발전 모습은 어떠했나? 또 그러한 변동과정은 비틀스 자신들에게 어떤 의미였나?

422 롤링 스톤즈

eBook

김기범(영상 및 정보 기술원)

전설의 록 밴드 '롤링 스톤즈'. 그들의 몸짓 하나하나는 우리가 생각하는 것보다 훨씬 더 탁월한 수준의 음악적 깊이, 전통과 핵심에 충실하려고 애쓴 몸부림의 흔적들이 존재한다. 저자는 '롤링 스톤즈'가 50년 동안 추구해 온 '진짜'의 실체에 다가가기 위해 애쓴다. 결성 50주년을 맞은 지금도 구르기(rolling)를 계속하게 하는 힘. 이 책은 그 '힘'에 관한 이야기다.

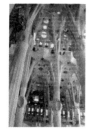

127 안토니 가우디 아름다움을 건축한 수도사

eBook

손세관(중앙대 건축공학과 교수)

스페인의 세계적인 건축가 가우디의 삶과 건축세계를 소개하는 책. 어느 양식에도 속할 수 없는 독특한 건축세계를 구축하고 자연과 너무나 닮아 있는 건축가 가우디. 이 책은 우리에게 건축물의 설계가 아닌, 아름다움 자체를 건축한 한 명의 수도자를 만나게 해준다.

131 안도 다다오 건축의 누드작가

임재진(홍익대 건축공학과 교수)

일본이 낳은 불세출의 건축가 안도 다다오! 프로복서와 고졸학력, 독학으로 최고의 건축가 반열에 오른 그의 삶과 건축, 건축철학에 대해 다뤘다. 미를 창조하는 시인, 인간을 감동시키는 휴머니즘, 동양사상과 서양사상의 가치를 조화롭게 빚어낼 줄 아는 건축가 등 그를 따라다니는 수식어의 연원을 밝혀 본다.

207 한옥

박명덕(동양공전 건축학과 교수)

한옥의 효율성과 과학성을 면밀히 연구하고 있는 책. 한옥은 주위의 경관요소를 거르지 않는 곳에 짓되 그곳에서 나오는 재료를 사용하여 그곳의 지세에 맞도록 지었다. 저자는 한옥에서 대들보나 서까래를 쓸 때에도 인공을 가하지 않는 재료를 사용하여 언뜻 보기에는 완결미가 부족한 듯하지만 실제는 그 이상의 치밀함이 들어 있다고 말한다.

114 그리스 미술 이야기

노성두(이화여대 책임연구원)

서양 미술의 기원을 추적하다 보면 반드시 도달하게 되는 출발점인 그리스의 미술. 이 책은 바로 우리 시대의 탁월한 이야기꾼인 미술사학자 노성두가 그리스 미술에 얽힌 다양한 이야기를 재미있게 풀어놓은 이야기보따리이다. 미술의 사회적 배경과 이론적 뿌리를 더듬어 감상과 해석의 실마리에 접근하는 또 다른 시각을 제공하는 책.

382 이슬람 예술

전완경(부산외대 아랍어과 교수)

이슬람 예술은 중국을 제외하고 가장 긴 역사를 지닌 전 세계에 가장 널리 분포된 예술이 세계적인 예술이다. 이 책은 이슬람 예술을 장르별, 시대별로 다룬 입문서로 이슬람 문명의 기반이 된 페르시아 · 지중해 · 인도 · 중국 등의 문명과 이슬람교가 융합하여 미술, 건축, 음악이라는 분야에서 어떻게 표현되었는지 설명한다.

예술

417 20세기의 위대한 지휘자 `eBook`

김문경(변리사)

뜨거운 삶과 음악을 동시에 끌어안았던 위대한 지휘자들 중 스무 명을 엄선해 그들의 음악관과 스타일, 성장과정을 재조명한 책. 전문 음악칼럼니스트인 저자의 추천음반이 함께 수록되어 있어 클래식 길잡이로서의 역할도 톡톡히 한다. 특히 각 지휘자들의 감각 있고 개성 있는 해석 스타일을 묘사한 부분은 이 책의 백미다.

164 영화음악 불멸의 사운드트랙 이야기 `eBook`

박신영(프리랜서 작가)

영화음악 감상에 필요한 기초 지식, 불멸의 영화음악, 자신만의 세계를 인정받는 영화음악인들에 대한 이야기를 담았다. 〈시네마천국〉〈사운드 오브 뮤직〉 같은 고전은 물론, 〈아멜리에〉〈봄날은 간다〉〈카우보이 비밥〉 등 숨겨진 보석 같은 영화음악도 소개한다. 조성우, 엔니오 모리꼬네, 대니 앨프먼 등 거장들의 음악세계도 엿볼 수 있다.

440 발레 `eBook`

김도윤(프리랜서 통번역가)

〈로미오와 줄리엣〉과 〈잠자는 숲속의 미녀〉는 발레 무대에 흔히 오르는 작품 중 하나다. 그런데 왜 '발레'라는 장르만 생소하게 느껴지는 것일까? 저자는 그 배경에 '고급예술'이라는 오해, 난해한 공연 장르라는 선입견이 존재한다고 지적한다. 저자는 일단 발레라는 예술 장르가 주는 감동의 깊이를 경험하기 위해 문 밖을 나서길 원한다.

194 미야자키 하야오 `eBook`

김윤아(건국대 강사)

미야자키 하야오의 최근 대표작을 통해 일본의 신화와 그 이면을 소개한 책. 〈원령공주〉〈센과 치히로의 행방불명〉〈하울의 움직이는 성〉이 사랑받은 이유는 이 작품들이 가장 보편적이면서도 가장 일본적인 신화이기 때문이다. 신화의 세계를 미야자키 하야오의 작품과 다양한 측면으로 연결시키면서 그의 작품세계의 특성을 밝힌다.

예술

eBook 표시가 되어있는 도서는 전자책으로 구매가 가능합니다.

(주)살림출판사
www.sallimbooks.com
주소 경기도 파주시 문발동 522-1 | 전화 031-955-1350 | 팩스 031-955-1355